人物叢書

新装版

児《こ》島《じま》惟《い》謙《けん》

田畑　忍

日本歴史学会編集

吉川弘文館

児島惟謙の肖像

(上) 大礼服着用の児島惟謙

(下) 壮年時代

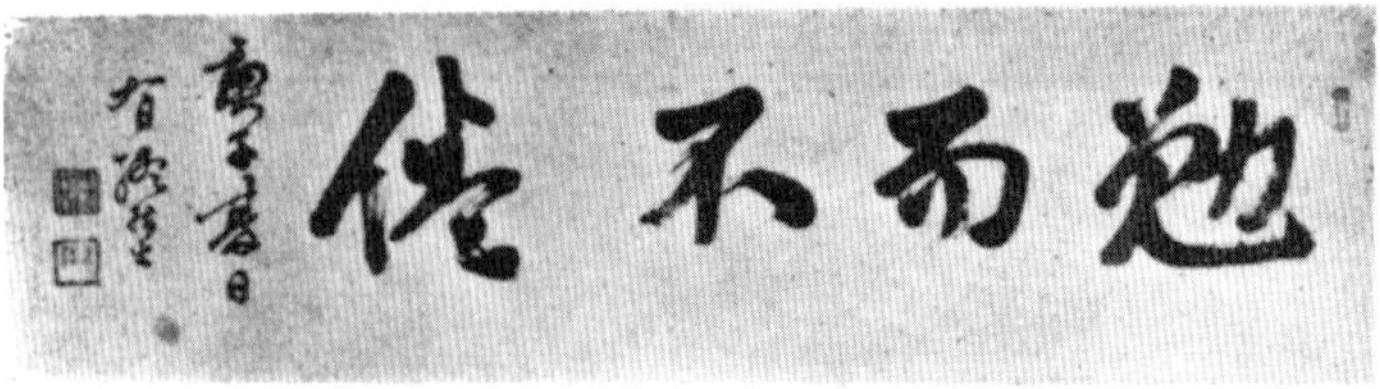

児島惟謙の筆蹟

勉而不レ倦
庚子夏日
有終居士

晩年の児島惟謙（65歳）

はしがき

時の大審院長として、身を挺して司法権の独立を守った児島惟謙は、確かに明治日本を代表する最も偉大なる法曹《ほうそう》である。そして、誰もが尊敬のできる人格者である。多分彼は、南豫（愛媛県）の美しい風土の生んだ、良心と正義の権化だと言うことができるのではなかろうか。そう、私は考えている。

もちろん裁判官であった彼は、終始実践の人であって、いわゆる思想・学問の人とは言い得ない。況んや口舌《こうぜつ》の徒ではない。また彼は長く権力の座にあって、民間の人ではなかった。しかし、その正しい実践なくしてはあり得なかった彼の思想は、純粋に人権尊重主義のそれであって、些《いささ》かたりとも権力の側に立つことがなかった。従って彼が、行政権力の圧迫に屈せず、司法権の独立を守ったのは、一部で言われるが如き司法的権力主義の故ではなかった。すなわち彼は、司法的権力をとおして国民の権利を守り、また憲法的法秩序を護ったのである。それはこの国においてまことに稀有《けう》の現象であるが、彼は権力主義者でなく、官僚主義者でなく、また逆行主義者ではなかったのである。だから彼の偉《えら》さは、権力当局者ながら、常に毅然として国民の権利の側に立っていたことにある。

そうして私が、このような硬骨剛毅の児島惟謙《いけん》の伝記を書くことになったのは、彼の本家の若き当主である緒方真澄君の修士論文の指導と児島惟謙研究を私が激励したことに由来している。結局、そのような機縁から、私は住谷《すみや》悦治博士に拝借した原田光三郎氏の『護法の巨人児島惟謙』や、沼波瓊音《ぬなみけいおん》氏の『護法の神児島惟謙』等を手がかりにして執筆にとりかかったのだが、私には確かにやり甲斐のある仕事であった。しかし若し児島惟謙の手記『大津事件顚末録』にあやかれなかったならば、おそらくはこの児島惟謙伝は成就しなかったであろう。また私は、大津事件に対する三宅雪嶺博士の『同時代史』の史眼の洞察的鋭さに最も強く支えられたことを告白しなければならない。そうして私は、できるだけの無駄を省いて所定の枚数に収めることができた。かくして第一「家系」、第二「生涯」、第三「性格」と書きすすんで、第四「大津事件における惟謙」に最も多くのページを割いたことは当然のことと言えよう。それは大津事件なくして児島惟謙の意義と偉大さの証明はおそらくは不可能だからである。更に第五「教育事業」も、彼のキャラクターを知る上に特に重要であり、また第六「その法思想」は、第三の「性格」との関連において、「大津事件におけるその主役的面目」を明らかにするための必要不可欠の一章となった次第である。しかして最後の第七は、児島惟謙伝のしめくくりであり、「現代との関係において」これを捉えようとしたのであるが、たまたま家永三郎教授の『司法権独立の歴史的考察』中の児島惟謙批判を一見して、これに対する駁論の形をとることになる。このようにして私は、通常の伝記の形式にとらわれず、児島惟謙の人となりと歴史的意義とを描いたつもりであるが、書き終った今、満足のできない点がすくなくないことを嘆じている。原田氏を始め児島惟謙研究家の皆さんと、そして大方の御批判と御叱正とを、賜わりたいゆえんである。

終りに、資料閲覧の便宜を与えられた鈴木茂三郎氏・辰馬力氏と西宮市図書館・関大図書館の天野敬太郎氏・同志社大学図書館の方々、新島遺品庫と田中良一氏、同志社大学C・Sの方々、種々の点でお世話になった小野修修士・緒方真澄修士・西田毅修士の諸氏に対して、この機会に衷心御礼を申し上げたいと思う。

昭和三十八年四月三十日

田　畑　忍

司法反動の強い今日、私の児島惟謙敬愛の気持は、初版刊行当時以上に強まっています。その意味で再版は感謝です。かねて気にかかっていました五三ページの誤り（沼波『護法の神児島惟謙』による）を訂正できたことも感謝です。この機会に、大久保利謙教授に深い感謝を申し上げたいと存じます（48・2・11）。

目次

口絵

挿図

第一　児島惟謙の家系

児島惟謙の生家は、緒方家であるが、その家系は旧く、遠く、神代に遡る。すなわち、その家系について、沼波瓊音《ぬなみけいおん》『護法の神児島惟謙』（一〇—一三ページ）は、次の如くに述べている。曰く、

この緒方家は由緒正しき旧家である。神代に於て建速須佐之男命《たてはやすさのおのみこと》より統を発し、神武天皇の后比売多々良伊須気余理比売《ひめたたらいすけよりひめ》の御兄天日《あめひ》方奇日方命《かたくしひかた》となり、崇神天皇の朝《ちょう》の大田々根《おおたたね》子《こ》となり、其裔大友主命は神功皇后の御時新

今日の宇和島市（昭和38年頃）

羅征討に従ひ、其裔三輪君子首《みわのきみこおびと》は壬申《じんしん》之乱に功ありて天武天皇に事《つか》へ伊勢介となり、其裔良臣《よしおみ》、清和天皇の貞観四年三月に大神朝臣《おおみわあそん》といふ姓《かばね》を賜ひ、宇多天皇の寛平四年三月豊後介に任ぜられ従五位下に叙せられた。任国に於て治績大に挙つたので百姓大に慕ひ、良臣任満ちて帰る折其子庶幾《これちか》を留め置かれむことを乞うたので、聞届けられて庶幾が大野の郡領となつた。其庶幾の子諸任《もろとう》、豊後（大分県）緒方郷に住む。其子惟藤《これふじ》の時、藤原伊周配流《これちかはいる》せられて同国に来た折、惟藤が彼をいろ〳〵厚遇した。伊周この地に在る間に一女子を生ませたので、その女子を惟藤の子惟任にめあはせた。名にこの惟の字を用ふるは惟藤よりである。惟任と伊周の女との間に惟基と云ふ人が生まれた。其子惟盛、臼杵《うすき》九郎と称す。其子惟衛《これもり》から惟家、惟安、惟朝、惟直、惟久、政直と続く。

政直の子惟宗は足利尊氏の配下に属して居たが、其子惟仲に至つて南朝に附き、正平二十年十二月十五日勅によりて王事に勤め、山城守に任ぜられた。其子惟秀、明徳四年大友氏に属す。その子惟賢《これかた》、その子惟世に至つて讃岐守となり、惟安、惟信、惟常、惟益と続く。

惟益の子佐伯紀伊公惟教《きみこれのり》は、天文二十年、菊池氏と合戦の時に角隈《つのくま》越前守と軍配に就て争論し、その子惟真《これざね》、惟忠に至つて、弘治三年五月豊後を辞し去つた。さうして同年六月二日に伊予国（愛媛県）宇和島に赴いたが、そこの国司西園寺公広が厚く之を遇したので野村の白木城に居た。後大友宗麟の招に応じて豊後に帰り、旧居佐伯に居たが、天正六年十二月十二日日向国（大分県）高城《たかぎ》合戦の時、名貫《なぬき》川で田北相模守鎮周《しげちか》と戦つて戦死した。其子惟真も此時戦死した。

其子惟照は緒方蔵人と称す。其子惟春は緒方与次兵衛と称し徳城に移り住む。それより惟嗣、惟綱、惟重、惟次、惟通、惟善と相継ぐ。

この惟善の子の惟吉の裔が現に野村に住居の緒方陸朗《ろくろう》（惟忠）であり、惟吉の弟惟次は緒方又次郎と称し寛政十二年歿。其子惟好は緒方源兵衛と称し、其二男惟彬《これあきら》は即ち児島惟謙の父である。

緒方惟彬は文化六年三月伊予国東宇和郡大字野村緒方家に生まる。幼にして宇和島藩士金子家を継ぎ、金子忠兵衛と称したが、故ありて嘉永二年職禄を辞し、緒方に復姓、明治四年八月一日児島家に於て病歿、享年六十三。北品川天王社内に葬る。同三十八年八月南品川海晏寺《かいあんじ》児島家墓地に改葬。

惟彬、緒方満寿子を娶《めと》り、長男伊兵衛を挙ぐ。満寿子は早世。伊兵衛は伊予国宇和郡内海浦赤水に住し、明治廿七年五月十二日病歿。

次に太宰直子を娶り、次男を挙ぐ。すなはち惟謙である。後ち直子を離婚して、二宮竹子を娶り、三男惟尭《これたか》を挙ぐ。惟尭東京神田区小川町に住し、治安裁判所の判事を勤め、明治廿二年四月廿四日病歿。享年四十五。海晏寺に埋葬。その墓石に、惟堯と緒方徳一郎と二人の名が刻してある。徳一郎は、惟堯の嗣子。惟堯歿後、児島家にて養ひ、同志社を卒業せしめしが、同家にて病歿。絶家となる。これを併葬したのである。

この惟堯徳一郎の墓の向つて左隣に「誠心院義山一徳居士 玉光院竹山巌妙操大姉 墓」と刻したる墓あり。向つて右側面に「誠 明治四年八月一日歿 享年六十三」と刻し、左側面に「玉 明治三十三年九月廿七日享年七十九」と刻す。

誠心院は惟彬、玉光院は惟謙の継母竹子である。

惟謙の実母直子は、文化七年十月伊予国宇和郡黒井地村郷士大宰儀助の四女、天保六年惟彬に嫁《とつ》ぐ。惟謙を生みて四月目に離婚、実家に帰る。明治十八年七月十四日実家にて病歿。享年七十六。同村正法寺に葬る。

同書は、更に児島惟謙の妻重子（世続重遠の長女）、庶子正一郎（外交官となり戦死した）、長女寿代子（第一銀行重役西園寺亀次郎に嫁す）、次女愛子（西宮市の酒造業辰馬利一に嫁す)、次男富雄(日本銀行に勤務し、のち帝国薬筴会社社長等となる)、三男俊之助(第一銀行に勤務、のち次兄の後を嗣いで帝国薬筴会社社長になった)について記している。

第二　児島惟謙の生涯

一　幼少年時代

『護法の巨人児島惟謙と其時代』(原田光三郎著)は、その冒頭の筆を、次ぎのように染めている。

天保八年二月朔日生る

我が児島惟謙は、天保八年二月朔日《ついたち》、伊予国宇和島城下堀端町家老、宍戸《ししど》弥左衛門紀凞《のりひろ》の家臣、父金子惟彬《これあきら》、母直子の二男として、宍戸家邸内の棟割長屋に呱々《ここ》の声を挙げた。惟謙幼名を雅次郎、後に五郎兵衛といひ、又謙蔵とも称した。天赦園《てんしやえん》と号し、字《あざな》を有終《ゆうしゆう》といつた。慶応三年再度藩を脱《のが》れた時、

児島惟謙の名の起り

仮の姓を児島と称し名を謙蔵又は惟謙と唱へたが、遂に児島惟謙と称《との》ふるに

至った。

児島惟謙の父惟彬は、嘉永三年(一八五〇)職禄を辞してのちは、緒方姓に復している。すなわち宇和郡野村の緒方家がその本家である(なお、沼波瓊音『護法の神児島惟謙』参照。以下、彼の生涯についての記述は、主として第一高等学校の教授であった沼波氏の著書と、弁護士である原田氏の著書に拠るものである)。

幼年時代の薄倖

惟謙の生家は、旧家ではあったが、貧しいというだけではなく、その生母が離縁して実家に帰ったため、一歳の五月から五歳の時まで田中伴太夫の許へ里子にやられた。父の再婚の結果、また生家に引きとられるなど、その幼年時代は、仮りにも幸福であった、などとは言えないものである。

少青年時代の苦学

実に、その少年の時代も、更に青年の時代も艱難の連続にほかならないものであった。しかし彼は、弘化元年(一八四四)、八歳の時から、すでに文武の修業を始めている。嘉永五年(一八五二)十六歳の時には、父方の親戚である緒方家(宇和郡野村)

に寄食して、その酒造業を手伝いながら苦学した。
安政元年（一八五四）、十八歳の時、ひとたび生家に帰ったが、また翌年には若松村の小西荘三郎方に寄食して、その酒造業・質屋業を手伝いながら勉強した生活が、足かけ三年に及んでいる。

文武の修業に専念

やがて、安政四年（一八五七）、藩の老職梶田長門に招かれて、文武の修業に専念するようになった。とくに彼は剣道に秀でるようになり、これが認められて、安政五年（一八五八）藩庁から褒美として銀三枚をもら

剣道師範の免許

っている。また翌年には、剣道師範の免許を得、更にその翌年には、

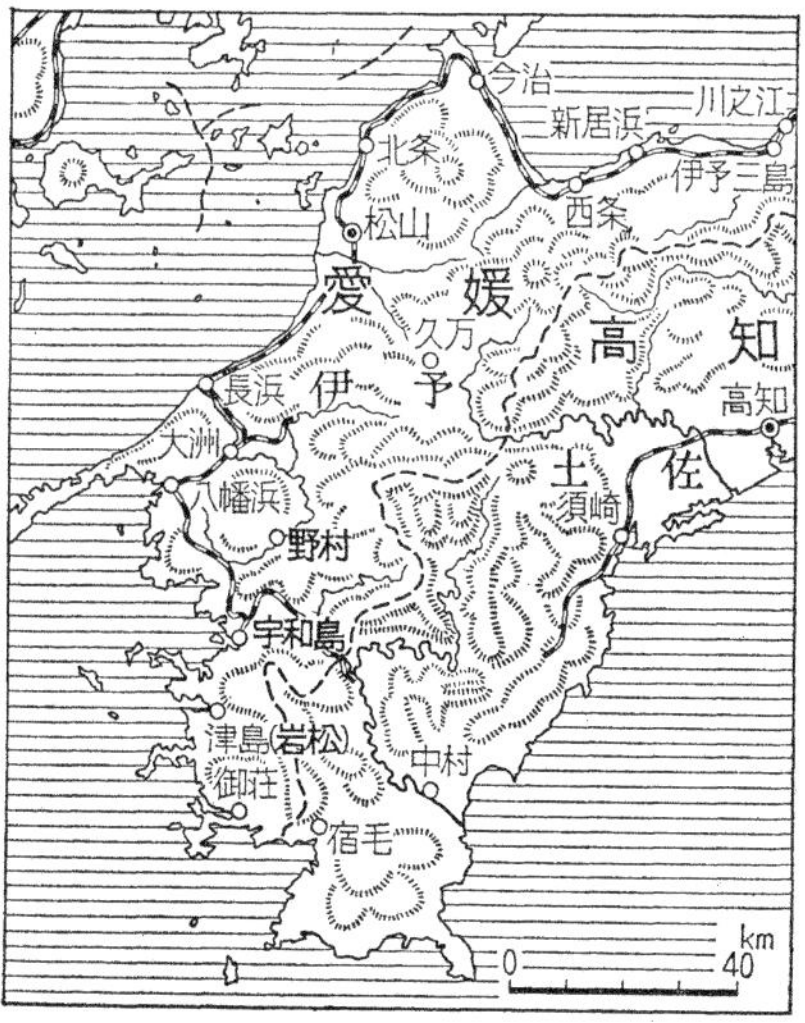

宇和島地方の地図（昭和38年頃）

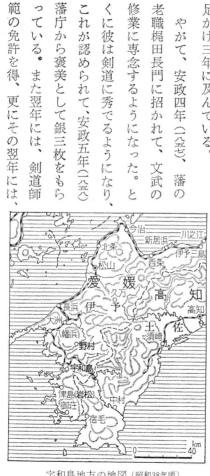

剣道教授として諸所に招聘される身分になった。これが万延元年（一八六〇）・文久元年（一八六一）、そして二年に及んでいる。

健康・膂力とその資質

彼の少年時代と、そして青年時代の苦学辛酸の生活は、このようにして、剣道教師として実を結んだのであるが、それは、いちおうの成功と言うことができよう。艱難が彼の人間をまず剣道家として築き上げた、と言い得る。彼は幸いにして健康に恵まれ、膂力《りょりょく》のみならず、すべての資質に富んでいた。かくして、貧困等の逆境も彼を圧倒することができなかったばかりでなく、逆に彼を鍛えることに役立ったのである。言うまでもなく、彼が苦学をし、やがて剣道師範になった頃には、すでに維新の運動とそれに対する幕府の圧迫とが苛酷《かこく》に各所に展開されていた。西郷隆盛が、幕府の弾圧を受けて彼を頼ってきた失意の月照を庇護し得ない藩の事情のため、ともに海に身を投じたのもそのころであった。橋本左内・頼三樹三郎らが処刑され、幕禁を犯して米船に投ぜんとした吉田松陰もまた処刑され、弾圧の元締であった井伊大老（直弼）も、その翌年（万延元年、一八六〇）、桜田門外に水戸浪士の襲撃を受けて暗殺されている。

このような時代に、天分を豊かにもった彼もまた小成《しょうせい》に安んずることができず、剣道によって鍛えられた、その強い性格の内に大志を抱いたのは、むしろ当然のことと言い得るが、彼が単に剣技に満足しなかったゆえんは、その天賦《てんぷ》の性格の偉大さに帰すべきであろう。

二　維新前後の奔走の時代

藩主伊達宗城の進取と勤王

宇和島藩主伊達宗城《むねなり》は、進取的で勤王の志のある大名として、高野長英・大村益次郎・中井弘・藤本鉄石らの志士を庇護した人物であった。そして殖産・工業・貿易にも努力した財政家であり、治水にも成功し、西洋の文化を移入することにも意を用いた。いわゆる当時の明君の一人であった、と言わねばならない。しかし、その治世中に薩・長・土・肥各藩の如くに、藩出身の勤王討幕の志士を輩出せしめていない。しかし、このことは、一つには宇和島藩が小藩であったことと無関係と見ることはできないであろう。

すでに剣道家として成功しながら、剣道家たることに甘んずることができず、青雲《せいうん》の志に燃える児島惟謙が、やがて使命感に生きて勤王討幕の運動に加わるようになったのは、藩主宗城の隠退後、三年を経た文久三年（一八六三）のころ以降のことである。しかし、彼の如き性格が伊達宗城のもっていた開明的勤王思想の影響を間接ながらにも受けていたものであることは否定できない。しかし、彼の苦学力行中に天下に広く生起していた諸事件に引きつづいて、坂下門の変・寺田屋事件・生麦《なまむぎ》事件（以上文久二年、一八六二）、藤本鉄石の大和挙兵・平野国臣《くにおみ》の生野《いくの》の挙兵（以上文久三年、一八六三）等を遙かに聞いてこれに刺激されたことや、文久二年五月土佐の幡多《はた》郡中村郷士檜口《ひぐち》甚内の塾に遊学し、のちにまた高知等を歴遊して見聞

天下のことを考える

を広めたこと等が、その近因をなしたものである、と見ることができよう。

従って、その勤王思想は、まず土佐勤王派の志士による教唆《きょうさ》と刺激によるものである、と言い得る。かくして彼が、文久三年四月、船手組今城助《じょうすけ》別荘に独寓したのも、土佐の勤王家との会合のためであったと言われるゆえんである。このように彼が功名心に燃えたのは、二十六ー七歳のときのことであって、一芸に達したその胸中に、天下を考える余裕と分別と熱情とが、静かにできてきたのだと見ることができるであろう。とにかく若き日の彼は、一介《いっかい》の剣道家から、そのように、鮮やかに跳躍して、それ以上の生活次元に転進したのである。

大洲・松山・今治・高松にいたる

翌元治元年（一八六四）、彼は二十八歳となり、「本年天下ノ形勢尋常ナラズ、最早郷士に安逸ノ時ナラザルヲ以テ、撃剣修業ヲ口実トシテ六月郷士ヲ発シ」、大洲《おおず》・松山・今治《いまばり》の各藩を廻って、高松藩にまで赴いている。しかるに、七月十九日、蛤《はまぐり》御門の変があり、幕府の国境閉鎖の発令となり、これに累《るい》されて、帰藩を余

坂本龍馬

儀ならしめられるにいたった。長州征伐が始められたのは、すなわちこの年八月のことであった。

翌慶応元年（一八六五）四月になって、彼は目付西園寺公成《きんなり》の計らいで追放という名目で旅費を与えられて長崎に留学し、その地で土佐の坂本龍馬、薩州の

坂本龍馬・五代友厚らを知る

五代友厚らを知って、新しい知識を注入された。また大いに啓発を得て開国主義をその身に着けるにいたった。この年十月、彼は長崎を後に、佐賀・久留米・柳川・熊本・豊後に勤王家を歴訪し、十一月に帰藩した。帰藩後は藩によって注意

藩の注意人物

人物としての扱いを受けたが、翌慶応二年（一八六六）三月、木炭材木を大阪に売込むという名目で、四十日間の許可を藩庁に得て、京都・大阪に赴き、勤王家として

の活動に従事した。そして、許可された日数を遥かに超過して、十二月に帰藩している。七卿落の三条実美の護衛をしたと伝えられているのもこのころのことであろう。

脱藩して勤王運動に従う

彼は帰藩後、日数条件違反のかどで、自宅謹慎を命じられたのであるが、翌慶応三年（一八六七）五月、こんどは脱藩して、大洲・松山・多度津を経て大阪に赴き、京都にいたって、勤王倒幕の運動に参加している。その年の十一月惟謙の指揮者であった坂本龍馬が、新選組の襲撃を受けて斃れているが、十二月には王政復古の諭告があった。かくして維新の大勢はすでに決するところとなったが、土佐派の公議政体論と薩長連合の徹底的討幕論との厳しい対立が容易に収らず、その結果、徳川慶喜《よしのぶ》の大政奉還の挙にもかかわらず、いわゆる戊辰の役を惹起《じゃっき》して、結局は徹底的な討幕論を勝利せしめる歴史の発展となった。

かくして児島惟謙は、討幕派の一人として、十二月には幕府および会津兵の大阪における挙動監視の役目などを与えられ、次いで征討軍に従って、北海道総督参謀楠田英世《ひでよ》（佐賀藩）の部下に加わり、越後柏崎・新潟・新発田《しばた》・秋田・盛岡・仙台等に転戦したが、多くは銃後の文化作戦に従事したのであり、いわゆる武勲を立てたわけではなかった。剣道達人の彼はおそらく誰一人をも殺していないであろう。まことに幸福なる剣道家であった、ということができる。そして彼は十一月には無事京洛の地に帰ることを得た。

楠田英世の部下として従軍

時に明治元年（一八六八）、彼は三十二歳になっている。

三　先ず地方行政官

五箇条の御誓文

明治元年には、かの五箇条の御誓文の発布があり（三月十四日）、横井小楠・大村益次郎らの暗殺された明治二年（一八六九）には、版籍奉還奏請が薩・長・土・肥の各藩によってなされ、官制改革六省設置のことがあった。この年三月、三十三歳の

新潟県に赴任

児島惟謙は、新潟県に赴任して、同県御用掛を拝命した。すなわち、外国六等庶務出仕・町会所および商社取締に任じ、翌年には水原局在勤の大属《だいさかん》となり、また新潟県代理官として、信濃川分水堀割の出雲崎会議に列席している。

品川県権少参事に任官

しかるに同年八月、かつて討幕軍の参謀で彼の上官で当時品川県知事であった楠田英世に抜んでられて、同県権少参事、次いで少参事に任命されたが、彼の行政官時代はここで終っている。それは、廃藩置県の断行された翌明治四年(一八七一)十二月七日、司法省七等出仕を

司法省七等出仕

若き日の児島

新しく司法省の明法権《ごん》頭《のかみ》となった楠田英世の

斡旋によって拝命したためである。もちろん司法省の仕事も、司法行政であり、司法と行政とが明確に分立されていない時代のことではあるが、ここに児島惟謙の裁判官としての、そして、やがて大審院院長としての運命が方向付けられるにいたった次第である。

この年八月に彼は郷里の父を喪っている。

四　次いで司法行政官

司法行政官として

明治四年は、司法省設置（最初の司法大輔は佐々木高行）の年であり、府県制施行の年である。すなわち全国を三府七十二県とした。

設置当初の司法省幹部（前列中央が江藤新平）

そのため児島惟謙前任の品川県は廃止されたのである。

児島惟謙は格別に法学を学んできた人ではない。ただ行政の実務と司法の実務を通して、次第に法曹家としての自らをつくっていったのである。したがって、彼が、いわゆる法学の権威者でなかったことは言うまでもない。否、極端に言えば、「児島の学問を論ぜば、今日僻境の区裁判所に於ける黄吻《こうふん》の一試補にすら、三舍《さんしゃ》を避くべし」(沼波瓊音『護法の神児島惟謙』八ページ)と評されているくらいである。「しかも学問は法官第二の資格なり。如何に深淵の学問あるも、総ての圧力の下に所信を貫徹するの勇気と赤誠てふ第一の資格なくんば、学問将《は》た何の用ぞ。法官一千百人、滔々たる者、皆是れ児島の所謂《いわゆる》芸者輩にして、一人の董宣すら無し。況んや児島をや」(同書、八ページ)と、沼波教授がつづけて言っているとおり、児島惟謙は司法官にぜったいに必要なキャラクターと良心とを、司法の実務とともに造成していったのである。

江　藤　新　平

司法権少判事

最初、児島惟謙は、司法省裁判所民事課・東京裁判所民事課詰であって司法行政官であったが、翌明治五年（一八七二）、司法権少判事となり、また司法少判事に任命された。惟謙、時に三十六歳。この年、学制発布（八月）・徴兵制（十二月）も実施され、左院副議長であった江藤新平が司法卿に就任した（四月）。やがて彼は、江藤新平（この時三十九歳）に矚目《しょくもく》されることになり、江藤新平の学と才とによって、大いに鍛えられることを得たのである。

江藤新平に矚目される

周知の如く、江藤新平は「智・勇・弁力を備え」た一代の傑物であるが、江藤新平もまた特に法学を修めた人物ではない。また蘭学も英学もこれを習うところがなく、学ぼうともしなかった。ただ少青年の日に、佐賀の弘道館で、副島種臣らとともに朱子学を熱心に研修した。ただそれだけの修学であるが、生来の俊敏で進歩的な頭脳によって維新の運動に参加し、以て頭角を現わしたのである。かくしてのち、維新政府の中弁となり、また制度局に出仕する間に、津田真道《まみち》・西周《あまね》・箕作麟祥《みつくりりんしょう》・神田孝平らより西欧法学の新知識の供給を受けて忽ちこれを自らのものとした。そして、その才幹を、自由自在に活用して、わが立憲制度の礎石を築いたのである。的野《まとの》半介編修『江藤南白（新平）』は、彼について、「南白は、彼の識見、彼の才畧、彼の智勇、彼の弁力を以て、時代的思潮を代表し、毅然として政府の一隅に拠り、司法権の独立を図り、一挙にして薩長藩閥の根柢を破壊し、法治国の基礎を建設せんとしたりき」（同書、四ページ）と述べているが、江藤こそはわが国の近代的な司法制度を創設した「気魄勃々たる」（副島種臣の彼を評価した形容詞）為政家であった。すなわち江藤は、司法卿になると、直ちに「司法省の方針を示すの書」をつくって（六月五日）その方針を明らかにし、またこの方針を実行するために、「司法職務定制」を草して省内吏員に示し、省内の刷新を計った。

「司法職務定制」

明治五年（一八七二）九月一日より実施されるにいたった「司法職務定制」二十二章中の大要は左の如くである。

第一　司法全省の通則綱領

一、省中、課を分ちて事務を弁理す。官に職制あり、務に章程あり、課目あり、以て統紀を明にし、諸官をして遵守することあらしむ。凡《およ》そ、各務懈怠《けたい》することを得ず。各課権限ありて、互に相干犯することを得ず。従前規条此れと相矛盾するもの沿習することを得ず。簿書定冊ありては、巻首に捺印し、之を合併し、或は更に設くるには、丞を経て、卿の決を取らざることを得ず。之を司法職務定制となす。

二、司法省は全国法憲を司り各裁判所を統轄す。

第二　本省職制

（卿）

一、本省、及寮局、各裁判所一切の事務を総判し、諸官員をして、各々其職を盡さしむ。

二、新法の草案、各裁判所建設の便宜、疑獄の審定、重要なる罪犯の論決を総提す。

三、事務章程に照し、制可を請ふの条は、之を上奏し、其専任を得るの条は、便宜処分するの権を有す。

四、奏任の進退は、正院に於て命ずと雖も、才否を察し之を黜薦《ちゅつせん》するは卿の任に属す。

五、判任以下は、丞、及判事、検事、明法頭、助の具状に依て之を黜陟《ちゅつちょく》す。

（大輔、少輔）

一、職掌、卿職に亜《つ》ぐ。

二、卿缺席する時は、一切の事務を代理し、卿の意に体認する事を要す。

第三　本省事務章程

一、新法の議案及条件を起す。

二、地方の便宜に従ひ裁判所を設け、権限を定め、費用を制す。

三、全国の犯罪を論決す。

四、勅奏官及華族の犯罪を論決す。

五、疑獄を審定す。
六、裁判官の犯罪は、臨時裁判所にて論決す。
七、諸官省より布令する所の条例、苟《いやしく》も裁判上に関するものは、必ず本省に移して、照知を経べし。
八、凡《およ》そ省中に於て処分する事務細大となく毎月之を分別し、其考課状を詳記して、正院へ上達す。

第四　判事職制及事務章程

（判事、権判事）

一、法律を確守し、聴断を掌り、稽滞《けいたい》、寃枉《えんのう》無からしむるの責《せめ》に任ず。
二、奏請すべき条件及疑獄は、決を卿に取り、輙《たやす》く論決する事を得ず。
三、各裁判所に出張し、事務の繁簡に因り、聴訟断獄を分課す。

（解部、権解部）

一、各裁判所に出張し、聴訟断獄を分掌す。

第五　検事職制

（検事、権検事）

一、各裁判所に出張し、聴断の当否を監視す。

二、検事の職は、罪訟、事端《じたん》発するに始り、裁断、処決に止り、未発を警察するの事に関預《かんよ》せず。

三、罪犯の探索、捕亡《ほぼう》を管督指令す。

（検部、逮部）

一、各裁判所に出張し、検事の指揮を受け其事を摂行し、聴断を監視す。

二、罪犯の探索を掌る。（検部）

三、罪犯を捕亡す。（逮部）

第六　検事章程

一、検事は、法権、及人民の権利を保護し、民を扶《たす》け悪を除き、裁判の当否を監するの職とす。

二、聴訟には検事必連班し、出席せざれば、判事独り裁判する事を得ず。又孤弱《こじゃく》婦女の訟《うったえ》に於ては特に保護注意し、貧富貴賤、平等の権利を得、枉屈《おうくつ》なからしむ。

三、裁判官犯罪すれば之を卿に報ず。
四、検事は裁判を求むるの権利ありて、裁判するの権なし。
第七　司法省臨時裁判所
一、凡そ国家の大事に関する事件、及裁判官の犯罪を審理す。
二、平常官員を設けず、臨時判事を以て之に充つ。
第八　司法省裁判所
一、各裁判所の上に位するを司法省裁判所とす。
二、別に所長を置かず、司法卿之を兼掌す。
三、府県裁判所に服せずして上告する者を覆審処分す。
四、各府県の難獄、及訴訟の決し難きものを断決す。
五、勅奏官、及華族の犯罪あれば、卿の命を受け、鞫問《きくもん》す。及罪に因て位記を奪ふべき者は、本省を経て奏請す。
六、件条に比照し擬定し難きの疑獄、及死罪は本省に伺出べし。但し事形《じけい》同くして情趣異るものも亦疑獄とす。

第九　出張裁判所

一、各地方に於て、司法省裁判所の出張所を設く、之を出張裁判所とす。但し府県裁判所建立の後を待て便宜設置す。

二、東京近傍府県裁判所は、司法省裁判所に之を管摂し、其他遠隔の府県裁判所は、便宜区画して、繁簡に因り数県と合し、一の出張裁判所を設け之を管摂す。

三、難獄、重法、及上告を聴断し、凡そ権限規程司法省裁判所に同じ。

第十　府県裁判所

一、府県に置く所の裁判所は、府県名を冒《おか》さしめ、某裁判所とす、其章程左の如し。

二、流以下の刑を裁断する事を得べし。死罪及疑獄は本省に伺ひ出て、其処分を受く。

三、重訟、他府県と関渉する事件、裁決し難きものは本省に伺ひ出べし。

四、奏任以上及華族を鞫問するは、本省裁判所の任たりと雖も、事、急卒に出る者は、其地方の裁判所に於て鞫問し、本省に伺ひ出で処分を待つべし。其公罪、及、過誤失錯に係る待罪《たいざい》の文案明白にして、鞫問を待たざる者は、笞杖《ちじょう》以下臨時処断し、後届け出づるを許す。

五、罪に因て位記を奪ふべき者は、本省に伺ひ出で其処分を受くべし。
六、其府県限り布令する処の条則は、必其地裁判所に因つて照知を経べし。

第十一　各区裁判所

一、各区裁判所は府県裁判所に属し、地方の便宜に因て之を設け、其地名を冒さしめ、其裁判所とし、其区内の聴訟断獄を為す。
二、各区の断刑は笞《ち》以下に止り、徒《と》以上は専断の権なし、杖《じょう》以下といえども、裁決し難き者は、上に同じ、但し其推問已《すで》に服し、罪状明白なれ共、律条明文なく、擬断し難きものは、只其口書を送り、処分を乞ふべし。連累人は罪軽しと雖ども、正犯と同所に処断し、徒杖の権限に関せず。

第十二　明法寮職制及事務章程

(頭《かみ》、権頭《ごんのかみ》、職制)
一、寮中諸員を管督し、寮務を宰処《さいしょ》す。
二、卿輔《けいほ》を賛助し、各国の法を采択《さいたく》し、及、裁判制度の便宜を画《かく》し、条例、擬案、及、新法の草案を裁す。

事務章程の大要

一、法律を申明《しゅんめい》するを明法寮とす。

二、新法を議草す。

三、各国の法を講究す。

四、条例を撰修して法律を調成す。

五、維新以来布令法章に渉《わた》る者を編纂して考証に備ふ。各裁判所疑獄本省に伺ひ出で、律文の疑条を質《ただ》し、及律に正条なくして、更に定例を要するものは、本寮論定して卿の印を受け、之を断刑課に付す。

司法権独立の基礎成る

かくの如く、「司法職務定制」を制定して、前近代的な行政権力的旧司法制度を改め、司法権独立の萠芽を育成した江藤新平は、次いで人身売買を禁止し、僕婢・娼妓を解放し、傭使《ようし》を一年に限り、農工商の肆業《しぎょう》使役を七年に限定し、監獄を改善し、復讐を禁止し、警察制度を改革した。また封建主義的刑事制度たる「新律綱領」を廃して「改定律令」を制定した。当時地方政権の中に含まれていた旧

「改定律令」の制定

式の司法権を独立させるために、裁判所を増設することも、またその仕事であったが、すでに廃藩置県によって断行された中央集権制が、未だ十分に実施されていない当時の地方官の封建的専横を押えることにもっぱら力を注いだ。

すなわち江藤新平は、明治五年(一八七二)五月八日、司法省達《たつし》第十六号を発して、地方行政官の中央政府発布の法令に違反する規則の制定または処分のあった場合、および中央政府発布の法令の握りつぶし、または期限内における公布のなかった場合、管下人民は府県裁判所に出訴し得ること、またその申渡しに不服の場合には、司法省裁判所に出訴し得ることを布告した。しかるに、封建の気風を脱しない人民に、これに応じる勇気がなく、右の布告にもかかわらず、出訴のなかった反面、地方官の専横に対する怨嗟《えんさ》・非難の声は絶えなかった。殊に大阪府および京都府における地方官の専横は甚しく、司法省は、これらの地方の地方官の専横を廓清《かくせい》するため、北畠治房を抜擢して、京都府に出張せしめ、また児島惟謙に矚目《しょくもく》して、彼を大阪府に出張させた。すなわち、北畠治房および児島惟謙は、極めてやり甲斐のある任務を、それぞれの任地において十分に遂行した。かくして、京都府知事槇村《まきむら》正直の秕政《ひせい》および大阪府知事渡辺昇の専政は、徹底的に頭を打たれることになった。すなわち児島惟謙は、正《せい》を踏んで何人をも怖れない江藤司法卿の指導によって、人民の利益を守る使命をもった司法官としての気骨を、その剛毅の性格の上につくり上げていったのである。のちに児島惟謙が政府権力の圧迫をはねのけて、司法権の独立を守ったあらゆる意味での基礎的な修業と修練が、このようにしてなされていったわけである。

西郷隆盛らの下野

明治六年(一八七三)、大阪裁判所在勤を命ぜられた児島惟謙は、まもなく司法裁判所民事課詰となった。この年、欧米視察の岩倉具視一行の帰朝とともに、征韓論が激化し、これに敗れた参議西郷隆盛の下野《げや》となり、板垣退助・後藤象二郎・副島種臣・江藤新平各参議も、西郷隆盛とともに、連袂《れんぺい》辞職をするにいたったが、

民選議院設立の建白と尚早論

翌明治七年（一八七四）、副島・板垣・江藤・後藤前参議は、由利公正・小室信夫・岡本健三郎・古沢迂郎とともに、民選議院設立の建白書を左院に提出して、政府有司の専政を弾劾し、民選議院を即時設立すべきことを説いた。また愛国公党を組織した。民選議院の即時設立の要請に対し、政府を代弁するかの如くに尚早《しょうそう》論を唱えたのは、加藤弘之（拙著『加藤弘之』参照）であり、しかして民選議院設置の建白は政府の容れるところとはならなかった。

佐賀の乱

そのため、正義の信念強くして純潔激情の人である江藤新平は、郷里の不平士族に擁せられて、遂に佐賀に乱を起すにいたり、忽ち一敗地にまみれて合法の審問を受けることもなく、「改定律令」に削除されている梟首《きょうしゅ》刑に処せられる悲運を喫した。江藤新平の決断によってひとたび確立された司法権の独立が、かくして彼を憎悪《ぞうお》せる大久保利通らの行政権力と山県有朋らの軍部権力によって侵されるところとなり、しかもそれは大久保の政敵江藤新平を被害者として強行されたのである。このことについて、板垣退助は、「言を換ゆれば、江藤君は余りに正義なりしために、遂にこの奇禍を買ふに至りしなり。則ち、例せば、かの山城屋和助の屠腹《とふく》事件、三谷三九郎の破産事件等の如き、陸海軍の不正事件を始とし、幾多の奸商汚吏《おり》の非法に関して、権門勢家を法庭に立たしめ、其奸曲を訐《あば》き、其不法を糺《ただ》さんとしたるが為めに、其事件に関係せる薩長の藩閥政治家は、君を憎むこと蛇蝎《だかつ》の如く、君に対して非常の悪感を懐《いだ》きつゝ、ありし也。これ即ち君が一朝の蹉躓《さてつ》によりて、其功罪相償ふものあるにも拘らず、無上の惨刑を受くるに至りし所以《ゆえん》たるに外ならず」と説いている（前示『江藤南白』下巻の序文参照）。

従って、この「野蛮な処刑事件」ほど、江藤新平の進歩主義的司法精神を畏敬し、その恩顧に深く感佩《かんぱい》していた児島惟謙の心緒を、悲痛のどん底に打ちのめしたものはない。しかし彼としては如何ともしようがなかった。

三十八歳で結婚

この年、彼は三十八歳にして世継《よつぎ》重子と結婚している。また権中判事に任命されている。

すでに江藤精神を身につけていた児島惟謙の、司法官生活が、かくして坦々《たんたん》として地についてゆくのである。ある意味において彼は、十分に志を得ずして横死した江藤新平の司法部内における継承者になった、と言っても過言ではないであろう。

五　福島上等裁判所時代

判事となり福島上等裁判所に赴任

大審院が設置されて（四月十八日）、各地に上等裁判所が設置された（五月二十四日）明治八年（一八七五）、児島惟謙は五等判事に任じ（五月四日）、福島上等裁判所在勤を命じられた（六月十二日）。時に彼は齢《よわい》三十九。長男正一郎がこの年に生れている。

同年九月、陸前・陸奥・函館各裁判所巡回を仰せ付けられた児島惟謙は、当時極めて不便であった東北の地を、苦労に満ちた巡視の旅行をつづけた。そして、

鶴ヶ岡事件の発端

この時、彼は宮城控訴院において、たまたま「鶴ヶ岡事件」について聞知した。

そもそも、鶴ヶ岡県（山形県）は、旧幕時代の庄内藩であるが、幕末のころ、討幕派の術策のため、庄内藩と薩摩藩との間に、深刻なる反目を生じ激闘を招いたことがある。それがやがて、鳥羽伏見の戦いにまで発展したとも言われている。それだけでなく、江戸開城の後、東北地方鎮撫の黒田清隆軍は、すでに帰順せる庄内藩に、昔日の怨恨の故に、殺到せんとした。しかし偉大なる西郷隆盛は、この風評を知って、黒田清隆を説得し、これを事前に救ったのである。それ以来、西郷崇拝の傾向が庄内一帯に漲り、かくして庄内藩の青年たちは、征韓論に敗れて郷里鹿児島に引上げた西郷隆盛の下に走っ

西　郷　隆　盛

たのだ、と言われている。このような気風の庄内藩には、西郷の征韓論に加担する者が多く、また他面で廃藩置県を喜ばず、そこには旧制封建主義思想の行われる傾きがあり、県政が行われずして藩政が行われていた。これに抵抗して、森藤右衛門と言う一士族が中心となって新法令違反の旧政によって蒙っている損害に対し、数名が奮起して、宮城控訴院長松平親懐《ちかかね》に出訴に及んだ事件が、鶴ヶ岡事件の発端である。しかるに、旧制になじむ松平院長は訴えを取り上げず、後任の院長またこれに倣《なら》って、訴権は蹂躙《じゅうりん》に委《まか》せられただけでなく、司法省に廻付された出訴状も、内務卿大久保利通が、庄内藩と西郷との連繋による内乱を刺激する惧《おそ》れありと

大久保利通

見て、江藤新平の後任の司法卿大木喬任《たかとう》に握りつぶさせていた。このような内容の「鶴ヶ岡事件」は、当時における、いわゆる行政権力の御都合主義による司法権無視の一事例であり、司法当局自体によってなされた司法権限の放棄であり、また人権を侵害するものであったことは言うまでもない。

大久保内務卿と児島惟謙

すなわち、この事件を知った児島惟謙は直ちに調査を始めた。そして、その事態を確認するや、直ちに彼は報告書を作製して、この逆行反動の状態を放任することは新政府の威信を害するとの意見書を副えて、当の実力者である内務卿大久保利通に建白したのである。幸いにして大久保は、俊敏にこの大義名分を理解して、児島惟謙の正論を全面的に受け容れた。すなわち、翌明治九年（一八七六）二月、彼に上京を命じて詳細の報告を聞き、同年（九年）三月二十五日、鶴ヶ岡事件解決の権限をすべて児島惟謙に付与する命令を与えた。これにより、児島惟謙は、その司法官としての面目を正しく発揮する絶好の機会を得ることになったのであ

臨時裁判所

明快な判決

る。すなわち彼は、欣喜勇躍、決死の覚悟をきめて、判事補伊内利安・林和一、書記池上三郎とともに鶴ヶ岡に出張した。同年四月二十七日、彼は鶴ヶ岡に到着して臨時裁判所を設置し、彼らを襲った脅迫と迫害を巧みに斥《しりぞ》けて、昼夜兼行、極めてスピーディーにその審理を行った。その結果、原告の請求を容れ、被告行政官庁（県庁代理山岸貞文・氏家直綱）の非を裁断する明快な判決を下すことになり、しかもこれを内務・大蔵諸省に関係のある事項なりとして即決せず、太政官に復命後に行うべきことを、原・被両告に申し渡したのである。児島惟謙が、この「鶴ヶ岡事件」の裁判によって、公平にして有能なる裁判官としての名声を獲得するにいたったことは言うまでもない。

彼は、その扱った裁判中、この鶴ヶ岡事件は最も難しい事件であった、と人に語ったことが伝えられているが、人権を尊重し護法精神に横溢《おういつ》する児島惟謙の裁判度胸のそれは最初の成功であった、と言うことができよう。

この裁判の申渡しは、のち明治十一年(一八七八)四月二十二日、児島惟謙の具申に基づき、左のとおりに太政官の裁令として行われた。

太政官の裁令

申渡

原告旧鶴岡県下羽後国飽海《あくみ》郡酒田区平民

森藤右衛門

同県下羽前国田川郡大綱村平民

渡部治良左衛門

同県下同郡備前村

金田儀三郎

右渡部治良左衛門以下二名代言同県士族

金井允釐

大友宗兵衛

被告旧鶴岡県代理八等出仕

山岸貞文

同十一等出仕　　氏家直綱

原告請求スル条件左ノ如シ

第一条　壬申《じんしん》・癸酉《きゆう》両年ノ貢米売払金償還スル事

第二条　種夫食米《たねぶしよくまい》棄捐《きえん》、且明治六年三月以後八年マデ取立テラレタル分下戻《さげもどし》ヲ請求スル事

第三条　入作与内米《にゆうさくよないまい》下戻ヲ請求スル事

第四条　相当与内米過分下戻ヲ請求スル事

第五条　納方内役手当米差引金下戻請求スル事

第六条　鶴岡加茂酒田蔵減米備下敷米蔵番給償還ヲ請求スル事

第七条　高壱歩夫米振人給米下戻ヲ請求スル事

第八条　酒田下俵運賃米下戻ヲ請求スル事

第九条　大庄屋々敷調査ヲ請フ事

第十条　囲籾《かこいもみ》償還ヲ請求スル事

第十一条　夫食貸籾代米償還請求スル事
第十二条　国役金明治八年取立ノ分下戻ヲ請求スル事
第十三条　村費課出不名義之分下戻ヲ請求スル事
第十四条　後田林開墾入費償還ヲ求ムル事
右遂《とげ》ニ審問《を》一裁判スル左ノ如シ

第一条　貢米売払金ト称スルモノハ明治五年太政官第二百二十二号又大蔵省第百四十五号ヲ以テ田租ハ米納金納トモ人民ノ請願《せいがん》ニ任スベキ旨公布有レ之処、当時県官ニ於テ普《あまね》ク管下ニ布達セズ、別ニ石代納ノ仕法ヲ設ケ従前ノ儘正米ヲ取立数名ヲ択ビ右正米ヲ受負ハシメ、又明治七年一月ニ至リ士族ノ家禄繰越渡ニ充《あつ》ル備米トシテ右財主受負高ノ内正米五千石県庁ヘ引取置、追テ不用ニ属シ売却スルニ当リ米価騰貴ノタメ得ル処ノ益金一万千三百五十四円七十銭七厘之アルヲ擅《ほしいまま》ニ士族私用開墾ノ費用等ニ供シタルモノ也。右ハ総テ県官ノ所為不当ナリト雖、帰スル所人民ヨリ多余《たよ》ノ貢額ヲ納メタルニアラズ。抑《そもそも》該《がい》益金タル公税完納後米価ノ騰貴ニ依リ生ズルモノナレバ人民ニ於テ損害ヲ受ケタル者ト看認《みとめ》ガタシ。如何トナレバ、若シ売却ノ時

ニ当リ米価下落スルモ人民ヨリ償却スルノ義務アラザレバナリ。依テ該貢米売却ノ益金原告ヨリ償還請求スルノ権利無レ之事

第二条　種夫食貸米ナル者ハ百数十年前旧庄内藩ヨリ管内村々へ貸付元米据置年々利米ノミ取立テタルモノナレバ、同藩新立以前ノ貸借ニ付、明治六年三月太政官八十一号公布付録第三節ニ拠リ処分スベキモノナリ。然ルヲ被告県庁ニ於テ従前ノ如ク徴収シタルハ右公布ニ背キ其当ヲ得ザル者トス。依テ六年ヨリ八年迄取立高金五万三千六十六円十七銭七厘県庁ヨリ取立テタル村々へ下戻スベキ事

第三条　審問中原被連印ヲ以テ取消願出候条裁判ニ及バザル事

第四条　審問中原被連印ヲ以テ取消願出候条裁判ニ及バザル事

第五条　納方内役ナル者ハ旧藩代官手代ニシテ其給料等ハ従来内役手当米ト唱ヘ人民ヨリ課出セシモノナリ。而シテ壬申置県《ちけん》ノ際県庁ニ於テ右納方内役手代ヲ廃シタル以上ハ徴収スベカラザルノ米穀ナリ。然ルヲ県庁ニ於テ旧貫ニヨリ壬申、癸酉両年共徴収シ租税方雇ノ者給料及廻村費等ニ遣払ヒタルハ県庁ノ処分其当ヲ得ザルモノトス。依テ原告請求ノ通県庁ヨリ金三千九百七十三円五十五銭右村々へ割戻可レ申

事

第六条　減米備及下穀米並蔵番給ナルモノハ明治五年太政官第二百二十二号、同二百三十一号、同年大蔵省百四十五号公布ニ依レバ右三口共人民ニ不便ナリト臆測シ私擅《せん》ニ石代納方法ヲ設立シ該三ケ条共旧貫ニ依リ徴収シタルハ県庁ノ処分素《もと》ヨリ其当ヲ得ザルモノトス。依テ右両年共徴収ノ内ヲ以テ遣払ヒタル戸長給料ヲ除クノ外六千六百十三円六十八銭五厘取立テタル村々へ県庁ヨリ下戻シ可ㇾ申事

第七条　審問中原被連印ヲ以テ取消願出候条裁判ニ及バザル事

第八条　酒田下俵運賃米ナル者ハ旧藩中櫛《くじびき》引通リ代官所限リ取立テシ者ニシテ壬申、癸酉共旧ニ依リ一旦取立テタリト雖、申戌《しんじゅつ》十二月ニ至リ悉皆下戻シ有ㇾ之旨原被ノ陳述符合スル上ハ、素ヨリ原告ニ於テ請求スル権利無ㇾ之事

第九条　審問中原被連印ヲ以テ取消願出候条裁判ニ及バザル事

第十条　囲籾ナル者ハ旧藩中非常ノ備トシテ惣物成高ノ内ヨリ高壱石ニ付五勺ヅツ貯蓄シ爾来《じらい》農民ノ望ニ応ジ貸渡スト雖、其実際ニ於ケル廃藩置県後ニ至ルモ年々秋納ノ節元利其一且正籾《しょうもみ》ヲ以テ返済シ日月ヲ経尚入用ノ節ハ更ニ借用セシモノナレバ、

則新借ニシテ元籾置据ノ古借ニアラズ。且又明治六年右現在ノ籾半高民有ト見做シ大蔵省ヨリ県庁ヘ下付シ適宜ノ処分ヲ許可セシ上ハ県庁ノ構内ニテ人民ノ関係スル者ニ非ズ、残半高入札払ニスベシト同省ヨリ指令ナリタルヲ県庁ニ於テ貸付方一時差止メテハ人民難渋スベキヲ察シ賦金ノ中ヲ代金相納、籾ハ従前ノ通貸付年々一割ヅツ取立右立替金ニ充ツルヲ期トシ元籾償却ノ見込ヲ以テ人民ヘ貸付ケタルハ、該省ノ指令ニ違フト雖人民ニ対シ不当ノ処分ト見做スヲ得ズ。依テ原告申立ツル壬申三百号、同三百十七号、癸酉八十一号公布ニ背キタル者ニアラズ。依テ原告請求スル条理無レ之事

第十一条　夫食貸籾ナル者第十条囲籾ノ異名同体ノ者ニ付第十条裁判ノ通可ニ相心得一事

第十二条　審問中原被連印ヲ以テ取消願出候条裁判ニ及バザル事

第十三条　村費課出不名義ナルモノハ明治七年地券調入費並壬申、癸酉両年組村入質ト唱ヘ村吏等遊蕩飲食ノ料ヲ人民ヘ課シ、甚シキニ至リテハ右課出金穀私有スルモノアリ。如レ此不正ノ課出アルモ県庁ニ於テ村吏共ヨリ償還セシメザルハ明治七年

県下騒擾《そうじょう》一件処分ノ際正院ヘ伺済《うかがいずみ》ナリト県庁代理陳述スルト雖、該伺書ニ於ケル当時ノ村吏共不正ノ金穀課出アルモ従来ノ慣習ナルヲ以テ咎メニ不レ及トノ伺書ニ伺ノ通トアルハ則チ村吏共ノ罪状ヲ不問ニ付ストノコトニシテ、不正課出ノ金穀ヲモ償還セシムルニ不レ及トノ指令ニアラザルコト判然タリ。依レ之去八年十二月県令代理七等出仕ヨリ右金穀取引ハ勿論掛合等一切不《ざる》ニ相成《ら》一旨ノ布達並庶務課ヨリ詮議ノ次第有レ之差引等一切致ス間敷云々《うんぬん》両度ノ布達ト其効ナキモノトス。依テ右不正課出ノ金穀償還請求ノ義ハ更ニ村々ヨリ当時ノ村吏ニ掛リ其地方裁判所ヘ訴出《いで》処分ヲ可レ受事

第十四条　後田林開墾地ニ於ケル元来官有地ナルヲ明治五年当県士族松平久厚外十一人ニテ払下ヲ受ケ同盟士族数千人当地ヲ開墾スルニ当リ村方農民共出役シ又ハ物品ヲ供シタル入費也。抑此挙タルヤ県庁ニ於テ右松平久厚等ノ事業ヲ助ケム為日々官吏ヲ当地ニ出張セシメ又啻《ただ》ニ士族等ノ勤惰ヲ監査セシメタルヲ、当吏員ハ成効ノ速ナラムコトヲ欲シ公文ニ等シキ文字ヲ用ヒ農民ノ助力ヲ戸長等ニ促シ、戸長等ハ其ノ意ヲ受ケ寸志トシテ管下ノ農民ヲ使役シ又ハ物品ヲ出サシメタル者ナレバ其実県

庁ノ命令ニアラズ。故ニ公権ヲ以テ徴集シタルモノト云フ可カラズ。況乎《いわんや》原被告並引合人ノ供述ニ拠ルニ戸長ハ申スニ及バズ農民共ニ於テモ当時恩恵ノ意ニ出ヅルモノニシテ、其賃銭及物品代価ヲ要スルノ念ナキモノト看認《みと》メタリ依テ寸志願書ノ有無ヲ論ゼズ原告ヨリ該《がい》入費ノ償却ヲ求ムルノ権利無レ之事

但シ前条々ニ於テ犯罪ニ係ル者ハ刑法ニ照シ及ニ処分ニ候事

明治十一年六月三日

鶴岡臨時出張

判事　児島惟謙　印

六　名古屋裁判所長・大阪控訴院長の時代

名古屋裁判所長

明治九年、「鶴ヶ岡事件」を見事に裁いて、卓越した司法的手腕を認められた児島惟謙は、その年九月二十三日、名古屋裁判所在勤を命ぜられた。そして、この名古屋時代が十二年四月までつづいている。四十歳より四十三歳にいたる、足

掛け四年の期間である。その間に、西郷は西南の役（明治十年）で斃れ、また同年木戸孝允《たかよし》病みて歿し、翌十一年大久保内務卿もまた殺害されて、いわゆる維新の三傑はすべて他界し去った。かくして明治政府は、その指導者交代の時代に入った、と称せられよう。

玉乃正履大審院長

「家庭規言」

「御巡幸要義」

明治十一年（一八七八）、玉乃正履《たまのせいり》が初代大審院長に任命されているが、この時代は、児島惟謙の司法官としての文字通りに働き盛りの時代であった。従って、その精神の最も昂揚した時期でもあった、と言うことができよう。彼が、「家庭規言」（のちに詳述）を草していることによっても、このことが知られよう。いわゆる彼の「人格の確立」された時代だとする見解もある（沼波、前掲書、二二八ページ・二五一ページ参照）。明治十一年十月、明治天皇の巡幸にさいして、右大臣岩倉具視に呈した「御巡幸要義」（のちに詳述）にも、その盛んなる正義の精神の表明せられているのを見る。

大審院民事乙局長

明治十二年（一八七九）五月、かくの如くにして円熟していった児島惟謙は、大審院

長崎控訴裁判所長

大阪控訴裁判所長

大阪控訴院長

詰となり民事乙局長を拝命している。翌十三年には刑法治罪法の公布、十四年には国会開設の詔勅が渙発《かんぱつ》されているが、この三年間に、彼は和歌山県令および県会具状《ぐじよう》の郡区長増給の件審理委員等を仰せ付かっている。また二男富雄と三男俊之助が生れている。そして、明治十四年（一八八一）十二月には長崎控訴裁判所長を拝命している（年齢四十五歳）。また明治十六年（一八八三）、大阪控訴裁判所長に転任した。この年彼は叙勲を辞したが許されなかった。さらに同十九年（一八八六）、大阪控訴院長に昇任し（年齢五十歳）、明治二十四年五月までこの地位に在った。官等は勅任官一等従三位になっている。このようにして順調かつ平凡に見える裁判官の平穏無事の生活がつづいているのだが、十八年にはその実母を失っている。

当時のわが国の政治

このころのわが国の政治は、いわゆる疾風怒濤の時代を劃していた。すなわち、「西南の役」ののち、自由民権運動の逞《たくま》しく華々しい展開となり、それに憲法制定と条約改正を問題とする政争の時代がつづいている（やがて、日清戦争という対外的な大事件の勃発となる)。また、自由党・改進党・帝政党等の政党が相次いで結成されて、板垣退助の遭難・河野広中事件・大井憲太郎事件・大隈重信の遭難などの諸事件が、大きな政治問題に関連して相次いで起っているのである。

大日本帝国憲法制定

この間に、太政官は改められて内閣になっている。また司法卿の制度を廃して司法大臣を設置している。明治二十二年(一八八九)二月十一日には、大日本帝国憲法が制定発布せられ、翌二十三年(一八九〇)には、裁判所構成法・刑事訴訟法の制定公布を見ている。また、帝国大学令・学位令なども相次いで制定された。

大阪事件

児島惟謙の大阪時代の裁判官生活において、その面目を発揮した一つの事件が起った。それは、自由党左派の一頭領である大井憲太郎が、同志の新井章吾・小林樟雄《くすお》・景山英子らとともに、清国のわが国を軽侮する態度に悲憤慷慨して、援韓の義軍を起し、金玉均・朴泳孝らの親日独立党の天下にしようと謀り、そのため爆発物を製造所持し、韓国に渡ろうとしたが、事前に発覚して捕えられ、爆発物取締規則違反の罪名をもって起訴された、いわゆる大阪事件である。爆発物取締規則は、伊藤内閣がその憎悪の的としていた大井らを死刑にしようとする政治的目的で、俄かに制定した人権無視の悪法であり、既遂・未遂を問わず、すでに爆発物を製造し所持した者に死刑を科しようとしたものである。果して大阪軽罪裁判所の検事はこのような政府の期待に応《こた》えようとした。しかし事件が、大阪重罪裁判所に移管されるに及んで、それを管轄する児島惟謙は、これを事件発生当時の旧法によって処断し、また兇徒嘯《しゅう》聚《しゅう》事件の落合寅一を隠匿した隠匿罪によりて軽く処断することにした。すなわち大阪事件は、児島惟謙が不当の行政権力に迎合せず、これに反撥して「法律不《ふ》遡及《そきゅう》の原則」を携《ひっさ》げてこれを貫き、もって被告の人権を擁護し、内閣の権力的暴挙を一蹴した事件として特筆に値するものである。すなわちそれは、前示鶴ヶ岡事件の裁判に次ぐ、児島惟謙の指導した名裁判の一つと言うことができるであろう。しかし彼自身の述懐している如く、この裁判については、行政権力の執拗《しつよう》な圧迫を受けなかったというのが事実である。ただ行政権力に迎合した裁判を行わなかっただけである。

大井憲太郎の談話

後年、大井憲太郎は、新井章吾とともに、惟謙の墓前において、たまたま墓参をともにした島田三郎に対して、「時の大阪控訴院長たりし惟謙翁は実に吾等同志の命の親である。……実に法律を擁護するが為めには、如何なる権威も圧迫も排除して、政府たると、其の憎める反対党たるとを問はず、公正なる法の力を発揮せしめた事は、やがて此等の愛国熱誠の志士を救ふといふ副産物をも生ぜしめたので、予はつくづくと惟謙翁の日本に生れた事を徳とするものである。」と語ったと言う（沼波、前掲書、二四七―八ページ）。また児島惟謙の生前、大井らは恩を忘れず、しばしば惟謙を訪問したと言われている（同書、二五五ペー

大井憲太郎

ジ参照）。

児島惟謙が同志社の新島襄《じょう》を知って、その子息と甥を同志社に送り、また新島の募金運動を助け、また関西法律学校の創立に参劃したのも、この大阪時代であった（このことについては、のちに詳述する）。その義捐《ぎえん》的出費も、漸くこの時代から顕著になり、幼稚園や小学校等への寄付、罹災者に対する寄付金等によって、彼はしばしば賞勲局の表彰を受けている。

七　大審院長として

大審院長になる

明治二十四年（一八九一）五月六日、彼は、大審院長に補せられるにいたった。齢五十五の時である。それは、彼の敬愛せし大隈重信外相が、その条約改正案にあきたりないとする来島《くるしま》恒喜の投じた爆弾のために、隻脚を失ったその翌々年である。無事平穏であった十数年の彼の生涯は、大審院長となったため、その月十一日に突発した大津事件（湖南事件）という大事件に取っ組まねばならない運命に遭遇して風雲を孕《はら》むことになり、遂に司法権の独立を守る使命を果すことにもなった。すなわち、この事件は彼が大審院長に任命されて、僅かに数日後に起ったのであるから、彼は恰《あた》かもこの事件を担当するために天によって選ばれたかの如き観がある。

前任の西大審院長の病歿により、児島惟謙を大審院長に任命したのは、山県内閣であった。

即ち山県内閣は、候補に上った箕作麟祥《みつくりりんしょう》・三好退蔵・松岡康毅・児島惟謙の中から、公正剛直の聞えの高くあった児島を院長に任命した（沼波、前掲書、一六ページ参照）。而して、大阪控訴院長の後任には北畠治房がえらばれた。

しかるに、大津事件発生時の内閣首班は松方正義であった。蔵相兼任の松方は「自ら大に期待」した財政問題の処理どころではなく、就任後五日目にこの事件が勃発して「殆んど為すべき術を知ら」ず、児島院長の不退転の抵抗を喫したのである。

この事件と、彼の果し得た司法権独立護持の意義については、のちに章を別にして詳述するが、要するに彼は日本を来訪したロシア帝国皇太子に、警衛中の巡査津田三蔵が斬りつけた極めて特異の事件に対して、ロシア帝国を恐れ戦《おのの》く松方を首班とする政府権力の強く醜い圧迫を見事に一蹴して、津田三蔵を不敬罪をもって処断（旧刑法一一六条）せず、憲法と法律に従って普通の殺人未遂罪として処断する（旧刑法二九二条・一一二条）正しい判決を導き、司法権の独立を守ることに成功した。護法の鬼としての児島惟謙の名声は、これによって不朽のものになった、と言ってよいであろう。おそらく、大岡越前守と児島惟謙の名は、日本の裁判史において、また日本人の心の燈火として、永久に消えることがないであろう。

しかし児島惟謙の大審院長時代は、長い期間にわたるものではなく、一年四ヵ月足らずの短命に終っている。しかしその短期間中に、いま一つの大事件に彼は対決しなければならなかった。それは、松方内閣によって空前絶後とも言うべき

松方内閣の選挙干渉事件と司法権

保安条令の濫用

選挙干渉が行われたからだが、彼はこれに対してもまた、毅然として司法権の厳正を維持したのであった。松方内閣の選挙干渉は、当時の野党の自由党と改進党を惨敗せしめて、藩閥の権威を保持することをねらったもので、明治二十五年(一八九二)一月まず衆議院を解散し、そして二月十五日に行った総選挙にさいして暴威を振ったものである。すなわち、松方首相・品川(弥二郎)内務大臣・白根(専一)内務次官は、相画策して全国の地方長官に命令を下し、警察権力による選挙干渉を行わしめ、また暴力団を使って選挙人を脅迫し、野党議員を威迫するとともに、巨額の内帑《ないど》金を投じて与党議員のために投票の買収を公然と行い、保安条令を濫用するなど、暴挙いたらざるなき醜態を呈した。すなわち松方内閣は、警察権力と憲兵と暴力団とを動員した選挙圧迫の地獄絵図を繰り拡げ、無政府・無秩序のごとき選挙を、恥じることもなく行った。かくして、内輪の政府発表によっても、死者二十五、傷者三百八十八を数え、選挙当日投票を行い得ないところや、

「司法精神」を守るべしとする大審院長の特別訓令

投票函の奪い去られるような場面をも惹起させた。しかるに、この行政的秩序紊《ぶん》乱《らん》の中にあって、大審院長としての児島惟謙は、政府の権力にすこしも屈せず、司法精神を守るべしとする特別訓令を発したことが効を奏し、選挙に関する裁判は公正に行われて、司法権に期待する国民の要望に応《こた》えることができたのであった。

政府弾劾上奏案の可決

松方内閣は、選挙干渉によって国民の非難を受けて内部分裂を来し、遂に品川内相を辞任せしめるにいたった。その結果、副島種臣が内務大臣になったが、しかし副島は、間もなく松方内閣に匙《さじ》を投げて辞任した。また最初より選挙干渉を否なりとしていた陸奥(宗光)農相も相次いで辞任した。しかして衆議院では、河野広中らが弾劾《だんがい》上奏案を提出した。これはしかし破れたが、政府弾劾決議案が可決され、松方内閣は、議会停会の手段によってこれに対抗するとともに、更に内閣を改造して、河野敏鎌《とかま》を内務大臣とし、若干知事の馘首《かくしゅ》によって選挙干渉の責任を糊塗《こと》しようとした。しかし軍部関係大臣が、これに異議を唱えて辞任したため、収拾がつかなくなって、松方内閣はついに倒壊するにいたった。かくして、明治二十五年（一八九二）八月八日、伊藤内閣が成立した。これが選挙干渉の政治的総結果であった。

伊藤内閣成立

しかして児島惟謙が、大審院長を辞任したのは、伊藤内閣成立後、まだいくばくもない八月二十三日のことであるが、原因は、彼が松岡康毅に先んじて大審院長に任命されたことにより部内に敵ができたことと、そして大津事件によってあらわれた司法部内における対立的感情、殊に大審院と検察当局との対立のもつれと、および政府権力筋の怨恨等にあったが、その上これに大審院判事の弄花《ろうか》（花がるたのばくち）問題が直接的にからんでいる。すなわち大審院判事の一人である児玉淳一郎が、時の司法次官三好退蔵・検事総長松岡康毅に、この問題を不問に付すべからざるよう進言したことがきっかけとなり、司法大臣田中不二麿が、大審院長児島

弄花事件

山　県　有　朋

惟謙以下十余判事の退職勧告をするにいたった。もちろん児島院長は、行政権力によるこのような圧迫を斥《しりぞ》けた。しかし政府は、弄花の噂《うわさ》のあった七判事を懲戒裁判に付し、しかも審理の結果事実無根という判決で免訴になった。しかも風評は依然として続いた。松方内閣時代にすでに始まっていたこの不幸な紛争は、弄花を好まざる伊藤が、噂があるということ自体児島院長の責任であるという言いがかりをつけ、司法大臣山県有朋をしてその意を伝えしめるにいたった。すなわち児島惟謙は、

松岡検事総長の策謀を追求

遂に意を決して松岡検事総長の大審院判事を陥れようとした策謀を追求し、山県

の同意を得るや、自らも辞表を提出した。かくして松岡を辞任せしめて弄花事件はその結末をつげたのである。児島惟謙は、まさに「身を殺して仁を為《な》した」ものと評し得よう。

児島惟謙大審院を去る

大審院判事一同が、児島惟謙の辞任を惜んだことは、彼らの連署による山県法相に対する具申書によっても明らかであるが、彼の引退を惜しむ者は、ひとり大審院判事のみでなかったことは言うまでもない。

山県もまた間もなく内閣を去った。吉田東伍『倒叙日本史』巻一（五三ページ）は、「蓋し山県は已《すで》に省中、児島・松岡の二人の互に排擠《はいせい》を事とするを退け了《おわ》るを以て、任此に尽きたりとする者歟《か》」と叙述している。

大審院判事一同の具申書

この具申書には次のように述べられている。曰く、

「小官等謹デ山県伯閣下ニ言《もう》ス。閣下泰山ノ襟度《きんど》幸ニ一顧ヲ垂レヨ。前ノ大審院長児島惟謙ノ政府ニ出仕スル、維新ノ初年ニ在リ。転ジテ司法ニ勤続スル廿二年、久シカ

ラズトセズ。此間勤勉廉直《れんちょく》ノ称アルモ、世上亦未ダ惟謙ノ非挙陋行《ひきょろうこう》アルヲ知ラズ。此勤続ト令聞《れいぶん》ノ之ヲ以テスルモ、今日百司中ニ於テ特ニ優待ヲ辱《かたじけな》クスル者ノ中ニ列スベシ。政府励精忠勤ヲ有司《ゆうし》ニ求メバ、仮令《たとい》小瑕疵《かし》ノ指摘スベキアルモ、此ノ如キ人ヲ優遇シテ以テ他ヲ風動《ふうどう》スベク、而シテ政府厚恩ノ美命モ亦併《あわ》セテ全フス可キナリ。惟謙ノ司法ニ功績アル列挙ヲ要セズ、司法ニ奉事スル者皆之ヲ知ル。其大阪控訴院長ヨリ擢《ぬきん》デ、大審院長ニ挙ラル、ヤ、院中一ノ異言ナキノミナラズ、僚侶《りょうりょ》相和シテ其務ニ服シタル如キモ、以テ惟謙ノ才幹・器局《ききょく》ヲ証スベキナリ。偶々《たまたま》弄花事件ノ起ルニ会シ、図《はか》ラザリキ、其余波遂ニ惟謙ノ引退ニ至ルハ真ニ惜ム可シ。小官等惟謙其人ノ為ニ惜ムノミナラズ、今ヤ法治ノ制ヲ張ラントシテ司法部内人才ヲ求ムルニ急ナリ、才幹彼ガ如ク廉潔彼ガ如キ者果シテ幾何《いくばく》カアル。彼レ未ダ老邁安《ろうあいまん》ヲ貪《むさぼ》ル者ニアラズ、彼ノ余年ヲシテ櫟樹《れきじゅ》ノ用ナキニ終ラシムルハ小官等ノ最モ法衙《ほうが》ノ為ニ痛惜スル所ナリ。弄花ノ事件其実ヲ誤リ世間ニ流伝《るでん》シタリト雖《ども》、一旦懲戒裁判ノ性質タル徳義ノ範囲ヲモ抱括シテ判事性格ノ適否ヲ論ズル者ナリ。故ニ此ノ裁判ノ一決以テ一切ノ責任ヲ定ムベシ。惟謙既ニ其判決ニ問フベキノ点ナシ。此外豈《あに》吏ニ辞職ヲ促スノ理由アランヤ。

而シテ惟謙ガ引退ニ自決シタルハ世論尚別ニ責任アルガ如キノ感アランヲ思ヒ、又官職ニ恋々シテ決スベキニ決セザルカト想察セラル、ヲ屑《いさぎよ》シトセズ、一決又回顧セザルニ出ヅルノミ。此事以テ惟謙ガ性行ノ美ヲ見ルニ足ルベシ。其ノ信用ヲ僚侶及ビ世間ニ得タルノ偶然ニ非ズシテ、其家又担石《たんせき》ノ貯ナク一貧洗フガ如キ、亦此ニ因ラズンバアラズ。惟謙ノ引退既ニ此ノ如シトセバ、政府惟謙ガ二十有余年ノ功労ヲ憶《おも》ヒ之ニ酬《むく》ユルニ特別ノ待遇ヲ以テシ、而シテ人心ヲ饜《あ》カシメザランコトヲ希望ニ堪ヘザルナリ。小官等親シク閣下ニ謁シ愚衷《ぐちゆう》ヲ口述セント欲スト雖《ども》、衆多ノ同列悉ク到ルハ事或ハ不穏ノ嫌ナキニアラズ。乃《すなわ》チ口述ヲ紙筆ニ代ヘ精義雑陳シ、敢テ閣下ノ照顧《しょうこ》ヲ仰グ。閣下其唐突ヲ尤《とが》メズシテ省察セラレナバ大幸ナリ。謹《んで》言《もうす》。」

八　その晩年　(イ)国会議員　(ロ)第二十銀行頭取　(ハ)永眠

貴族院議員となる

明治二十七年（一八九四）五月四日、彼は貴族院議員に勅任されている。時に五十八歳。

この年八月一日、清《シン》国に対して宣戦布告があり、いわゆる日清戦争が勃発している。彼は、もちろん戦争による国威宣揚を考えていた一人ではなく、むしろ相続く政府の非立憲的暴政を深く憂慮するものの一人であった。彼は、そのため、大審院長辞任後は、ひそかに衆議院議員たらんことを期し、その機会を考えていた。脱藩以来多用のために帰り得なかった郷里宇和島を、二十七年春に訪ねているのも、その事に無関係ではない。彼が郷里より帰って後、本家の緒方陸朗《ろくろう》にあてた四月十日付の書簡が、これを明らかにしている。曰く、

郷里宇和島を訪問

緒方陸朗にあてた書翰

(前略）却説《さて》老生帰京後政海の形勢を推按するに、政府の議会に対する弥《いよいよ》以て非立憲的の意向あり。議会も益《ますます》衝突の勢あり、果して然る時は、政府は弥以て利益を濫用《らんよう》し、国家の紀綱終《つい》に壊敗《かいはい》し、億兆人民の疾苦《しっく》を見るに至らむ。其の秋《とき》に際《あた》り弊制を一掃し人民の権利を維持せむとせば、独り衆議院の

強固を以て任ずるの外なかるべし。若し其際に遭遇せば、老生儀、宇和郡の選出議員たらむことを欲するなり。然るに其資格を有せざれば、其時に至り如何とも詮なし。故に今、平時に於て他日の用意緊要ならむ。依て今日窃《ひそか》に其資格を有し置かざるべからず。足下、幸に所有田畑の内地租十五円以上両三年間老生の名義を以て納税致され候様御取計《らい》置あらむことを冀望《きぼう》致度、尤《も》其田地は更《あらた》めて老生より足下へ借用金抵当として公正証書差入置事に致可《すく》、左る時は他日老生に於て如何なる不幸あるも御掛念《けねん》有レ之間敷《まじく》候。実に昨今政海の形勢唯ならず、傍観坐視するに忍びず、故に将来の事今に画策し置かざれば、其際悔ゆる感なき不レ能。爰《ここ》に親しく御相談に及び候。尤此一挙は他日の秘事に付、新聞紙等に洩れざる様に取計被レ致度、云々（後略）。

しかるに、この書簡を投函して二旬余の後に、児島惟謙は計らずも貴族院議員に勅任された。かくして彼は、大本営所在地の広島に召集された第七回帝国議会

大隈重信

の議席に列した。爾来しばらくその任に在ったが、貴族院はとうてい政府の専政に対決する闘争の場ではない。かく考えた彼は、初志を貫徹するため、また彼を押す有志の熱意にも応えて、明治三十一年（一八九八）四月の衆議院議員総選挙に、愛媛県第六選挙区より改進党候補として

衆議院議員に当選

大隈内閣の成立と彼の再当選

立候補し、宿望通りに当選した。時に四月七日であった。次いで六月九日、伊藤内閣によって衆議院の解散となり、六月三十日に大隈内閣の成立を見た。しかして彼は、八月二十六日に再び衆議院議員に当選した。すなわち、明治三十五年（一九〇二）八月二十五日の任期終了まで、六十二歳より六十五歳までの四年間を、その職務に文字通りに励精した。しかしながら、とくに衆議院議員としての顕著な

る業績が伝えられていない。それは、時の内閣首班が彼の敬愛せる大隈重信であって、時に歯に衣《きぬ》着せぬ意見を言ったのはもちろんだが、別に闘う必要がなかったからである。つまり、野党でなかったことと、大隈に秕《ひ》政《せい》のなかったことが、彼に活躍の余地を与えなかった原因である。彼の真の面目は、大事件のときに、不当・不逞《ふてい》の権力に対して闘うことにおいて、きらりと輝く。すなわち、大審院長としても、卑屈野蛮の権力に対する抵抗の機会を得たさいに、その真価を発揮し得た如くである。とにかく、その衆議院議員生活は無為にして静かであり、清くして平安であった。しかも多年懸案の条約改正が、その在任中に成立しているのである（明治三十二年（一八九九）七月十七日）。

その私生活の側面では、明治三十三年（一九〇〇）七月三日、外交官として清国在勤中の長男正一郎を、北清《ほくしん》事変で失っている。また二男富雄は早稲田専門学校を了えて日本銀行に就職したが、のち、沼波氏の児島惟謙の伝記によると、惟謙の手記『大津事件顚末録』の出版につくすところがあった。

日露戦争勃発

二十銀行頭取となる

貴族院議員に再任

明治三十七年（一九〇四）二月一日、ロシア帝国に対する宣戦布告があり、二年間続いた日露戦争の間、彼は第二十銀行頭取であったが、戦後十二月十三日、貴族院令第一条第四項により、再び貴族院議員に勅任せられている。時に六十九歳であった。その他、彼を高地位に押す動きはしばしばであったが、「大津事件」で彼の屈しなかった西郷従道《つぐみち》らが、その都度、反対をしてつぶしてしまった、と言われている。弄花事件と言い、またこのことと言い、彼は敢て正義を行ったために、小人に怨みを買って不当の酬《むく》いを受けたのであるが、もちろんそれは彼のすこしも意に介するところではなかった。

その逝去

明治四十一年（七十二歳）すなわち一九〇八年の七月一日に彼は喉頭結核のために逝去した。この死にいたるまで、その晩年は、まことに平穏無事であった、という一語につきる。

終始権力の座にあって、しかも不当不法の権力と闘って、これに屈せず、明治三十九年以来の病疾とその療養の期間を除いて、全く身心の健康に恵まれていた正義の人傑・児島惟謙の生涯は幸福であった、と言うことができるであろう。

遺骸は、東京品川海晏寺《かいあんじ》に葬られ、その墓には「正三位 児島惟謙 同 重子 之墓」と刻されている。妻重子の歿したのは、大正七年二月二十一日である。その後、昭和十四年十一月十八日、「児島惟謙先生出生之地」ときざんだ碑が、郷里生誕の地に建立された。裏面

東京品川海晏寺の墓所

海晏寺の墓（東京都品川区南品川）

明治二十四年五月未曾有ノ國難突發シテ擧國色ヲ喪フ来遊中ノ
露國皇太子一巡査ノ傷クル所トナレル所謂大津事件ナリ當時憲
法實施セラレテ僅ニ半歳國家ノ重臣モ三權分立ノ大義名分ニ徹
セズ然カモ國力ニ自信無クシテ偏ニ強露ノ報復ヲ怖ル此ニ於テ
行政ノ大臣恣ニ罪案ヲ豫斷シ枉ゲテ犯人ヲ死ニ處シテ露國ノ怒
ヲ解カント欲ス實ニ憲政初頭ノ一大危機ナリキ時ナル哉大審院
長ニ其人アリ忠誠剛直富貴モ淫スル能ハズ威武モ屈スル能ハズ
政府ノ強壓ヲ反撥シ擔當ノ七判事ヲ鼓舞激勵シテ斷乎公明正大
ノ判決ヲ下サシム司法權ノ獨立ヲ危機一髪ニ救ヒテ颱風一過暗
雲拭フガ如ク萬國正理ニ服シテ天地清明旭日昭昭タリ嗚呼護法
ノ偉人卿モ之ヲ誰トカ為ス如何ノ山川カ此救國ノ英雄ヲ生メル
時ハ天保八年二月一日地ハ南豫宇和島ノ城下人ハ即チ兒島惟謙
先生ナリ今ヤ裁判所構成法實施五十年記念祝典ニ際シ茲ニ先生
生誕ノ舊址ニ標ス行旅ノ過客足ヲ留メテ讃歎之ヲ久シクセン如
何ニ況ヤ鄉黨ノ後進朝暮碑ヲ仰イデ感奮興起セザランヤ
昭和十四年十一月一日
法學博士男爵穗積重遠撰

には穂積重遠博士のつくった碑文が刻されている。

昭和 14 年宇和島に建てられた生誕碑文

第三　児島惟謙の性格

のちの大審院長泉二新熊《もとじあらくま》博士は、児島惟謙の性格を、「資性豁達《かったつ》剛毅」と評し、また「忠誠剛直」と言い、「剛」を以て児島惟謙の性格の核心と見ている。また、彼を「豪放磊落《らいらく》」と評し、「富貴モ淫《いん》スル能ハズ、威武モ屈スル能ハズ」、「其見識を貫徹するだけの気魄《きはく》」の人と見ているのは、穂積重遠博士である。「臨《んで》ニ大節《に》一而不レ可レ奪」という評価は、穂積陳重《のぶしげ》博士（重遠博士の厳父）が、そのあずかっていた児島惟謙の『大津事件顛末録』の巻頭に書きとめている言葉である。

「臨大節而不可奪」

彼を同県人として、無条件に尊敬する安倍能成《よししげ》氏（学習院長）は、「児島氏の写真を見ると、実に温容の裏に毅然たる精神を湛《たた》へて、敬仰すべく信愛すべき多く見ない立派な風貌の持主である」と特にその風貌《ふうぼう》を讃えている。また末川博博士は、

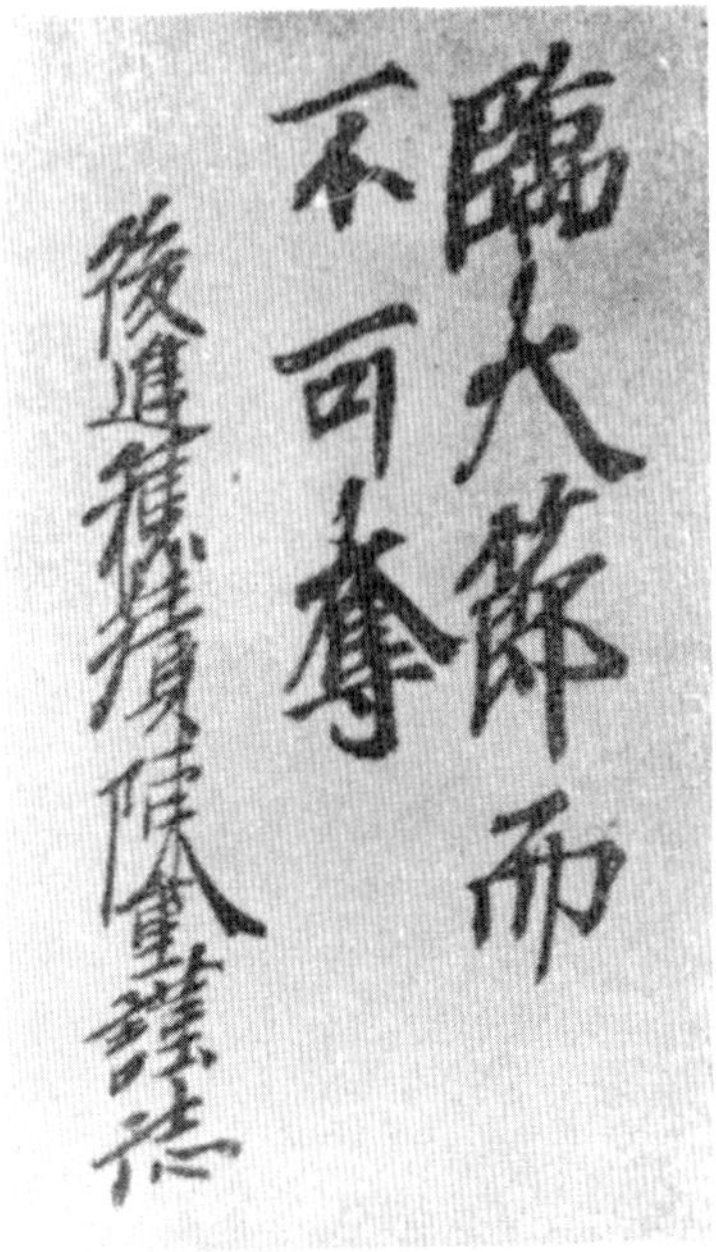

「臨大節而不可奪」

「自ら省みて直《なお》くんば千万人と雖も我往かん。その正義の実践は永遠に光輝を放つ」と言い、彼の人と成りを「硬骨剛直」と形容している。前示（第二参照）のように、彼を、「勤勉廉直の称」ある人物と讃えているのは、当時の大審院同僚の全判事であった。

また、『護法の巨人児島惟謙と其の時代』および『児島惟謙伝』の著者・原田光三郎氏は、児島惟謙の一側面に着目して、「日常生活も亦謹厳を極め、節制を重んじ」と言っている。そのように彼は、酒をたしなまず、また好きな煙草も医師の勧めでやめてしまう、自己抑制的人柄の人であった。また児島富雄(二男)は、父は「武士的性格を以て其一生を貫いたようである」、と遠慮深い所感を述べている。「それにしても、明治二十四年という時代に、あれだけの滅《め》茶《ちゃ》な政府の圧迫に対して、がんばり通したということは、たしかに性格として非常に強かった人と思う」と言っているのは、吉野源三郎氏である（「児島惟謙の功績」『世界』九七号参照）。

児島惟謙の強い性格を描写した、以上の諸家の見解に、私は悉く同感である。すなわち、私の見るところも、児島惟謙が剛毅で、硬骨の人物だとすることに変りはない。彼のごとき強く正しい性格の人物は蓋《けだ》し稀《け》有《う》と言ってよいが、正義感に充満したその全人格は、鋭い聡明と慧《えい》知《ち》にもまた輝いている。そして彼は仁者でもあった。彼が度々諸方に義捐金を散じているのも、その一つの表われである。

「強き善人」

言わば、彼は「強き善人」であったと言うことができよう。

従って、いっさいの悪、殊に権力悪に対して彼は黙することを得ず、権力の中にあって存分に権力・権力主義と闘い得た。彼は、権力悪に対し徹底して非妥協のキャラクターだったと言える。しかも彼は決して過激ではなく、中庸と節度とを心得ている。従って、天馬《てんま》空《くう》を征《ゆ》くが如き江藤新平を尊敬はするが、しかも行動においては、これと異なって行きすぎない。如何なる場合にも、彼が凡そまちがった事を嫌ったことは、時の大審院長西(成度)が病床に在って余命いくばくもなかったさい、東京控訴院長松岡康毅の、大阪の彼に宛てた不人情・不謹慎の手紙に対して、憤然として直言した返書(沼波瓊音『護法の神児島惟謙』一五―一六ページ参照)

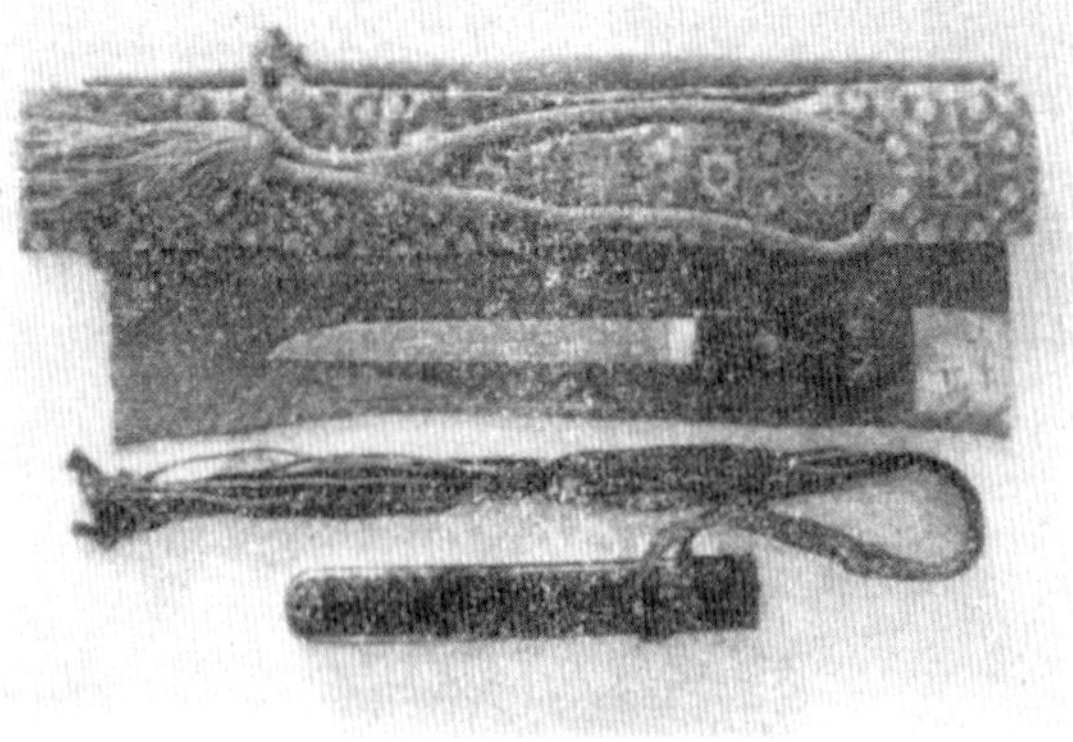

次女愛子に与えた短刀

次女愛子に短刀を与える

の中にも、また次女愛子の辰馬家への嫁入りに際し、短刀を手渡して、「今後は、相談事があれば、万事、この短刀に相談せよ……」と言ったという厳格・非情の態度の中にも、いみじくもにじみ出ている。また第二十銀行の頭取の際、金を借りに来た人に対して、その借金の不心得を叱ったと言うような挿話なども、如何にも彼の性格を示すものと言い得る。またその厳格さは、家人のすべてを、例えば食事の際においても窮屈に感じさせ、食事がすむと皆彼を残して他の部屋に去るのが常であった、と言われている(以上、辰馬力氏の談による)。

「家庭規言」

彼がその人格を成就したと考えられている明治九年、名古屋裁判所長の時に書いた「家庭規言」にも、右のようなその性格が明示されている。それには、独特の「善悪論」が展開されているのである。曰く、

泉源《せんげん》清ケレバ流モ亦清ク、泉源濁レバ流モ亦濁ル。余嘗テ新旧約書ヲ読ム。曰ク、善樹善果ヲ結ビ悪樹悪果ヲ結ブト。善果萠《もえ》生ジテ以テ善樹トナリ、悪果

萠生ジテ以テ悪樹トナル、是自然ナリ。彼ノ小人ノ為《な》ス所尽ク醜穢《しゅうわい》ナラザルナシ。故ニ子孫亦之ニ倣《ならい》テ醜穢ナルモノ、泉源濁テ其流ル、所纓《えい》ヲ濯《あろ》フ可カラザルガ如シ。先哲ノ事業ヲ見ルニ、其守ル処正固《せいこ》ニシテ行フ処信愛ナルガ故ニ、子孫亦随テ善良トナル、亦泉源ノ清クシテ流モ亦随テ清キガ如シ。余亦嘗テ聞ク、種樹叟《しゅじゅそう》独リ能ク此ノ悪樹ヲシテ善樹トナシテ善果ヲ結バシムト。曰ク、二理アリ。四季ニ従テ培養シ、秋冬ハ寒冷ヲ禦ギ、炎熱ニハ水ヲ注ギ、以テ之ヲ愛護ス、是其一ナリ。悪樹ノ枝ヲ斫《き》リ、接《つ》グニ善樹ノ枝ヲ以テシ、悪樹ノ萠蘖《ほうげつ》ハ尽ク除キ、更ニ其芽ヲ生ゼザラシム、是其二ナリト。是ニ因テ之ヲ観レバ、悪ナル者ヲシテ善ニ化セシムニモ亦術ナキニ非ズ。抑《そもそも》全世界、悪ハ衆人ノ最嫌忌《けんき》スル者ナリ、善ハ人ノ希望スル者ナリ。故ニ務メテ以テ悪ヲ去リ善ヲ生ズルヲ要スベシ。而シテ之ヲ要スルニ青年ノ時ニアリ。誠ニ看ヨ、樹木ヲ培養スル古老ノ樹ニ行ヒ難ク、新樹ニ行ヒ易シ。新樹ハ枝ヲ右セムト欲セバ右シ、左セムト欲セバ左ス。只意ノ欲スル所ニ随フ。若シ之ヲ古木ニ加フレバ必ズ摧折《さいせつ》セムノミ。是故《この》ニ人ハ生年ヨリ良師、良友ニ就キ自ラ培養セバ、老イテ樹根摧折ノ憂ナキノミナラズ、必ズ年ヲ歴テ有用ノ良材トナルハ疑ヲ容《い》レザルナリ。而シテ左ノ条項ヲ常ニ服膺《ふくよう》スベシ。

一、事物ニ当テハ一以テ熱心ヲ表シ、決シテ苟クモスル勿レ。

一、常ニ徳義品行ヲ重ンジ、苟クモ之ヲ毀損スル勿レ。

一、言行苟クモ齟齬《そご》スル勿レ。

一、自己ノ事務ヲ監察シ些少ノ事ト雖等閑ニ附スル勿レ。

一、事々物々之ヲ処スルニ常ニ遅疑《ちぎ》スル勿レ。

一、事ニ臨ミテ能ク之ヲ熟考シ、而シテ之ヲ裁スルニ当リテ狐疑《こぎ》スル勿レ。

一、時日ハ之ヲ適用シ徒過《とか》スル勿レ。

一、心頭常ニ進取ノ気象ヲ提起シ、決シテ小成《しょうせい》ニ安ンズル勿レ。

一、能ク滞屈《たいくつ》ヲ忍ビテ屈撓《くっとう》スル勿レ。
一、運命ニ依頼スル勿レ。
一、一己ノ分ヲ守リ、決シテ落胆スル勿レ。
一、生命ハ勇気ヲ以テ之ヲ保存シ、細故《さいこ》ヲ畏懼《いく》スル勿レ。
一、衆人ト交際上ニ於テハ、鄭重ヲ旨トシ、苟クモ軽薄ニ渉《わた》ル勿レ。

善悪論

この明快に善と悪とを割りきった「善悪論」において、人は彼の人格と徳性のすべてが、如何に修養と努力を重ねて、ゆきとどいたものとなったかを知ることができよう。

「戒奢従倹務実去華」

そうして、その人格造成のミステリーは、明治四十一年、その七十一歳のときにつくった「戒レ奢従レ倹務レ実去レ華」

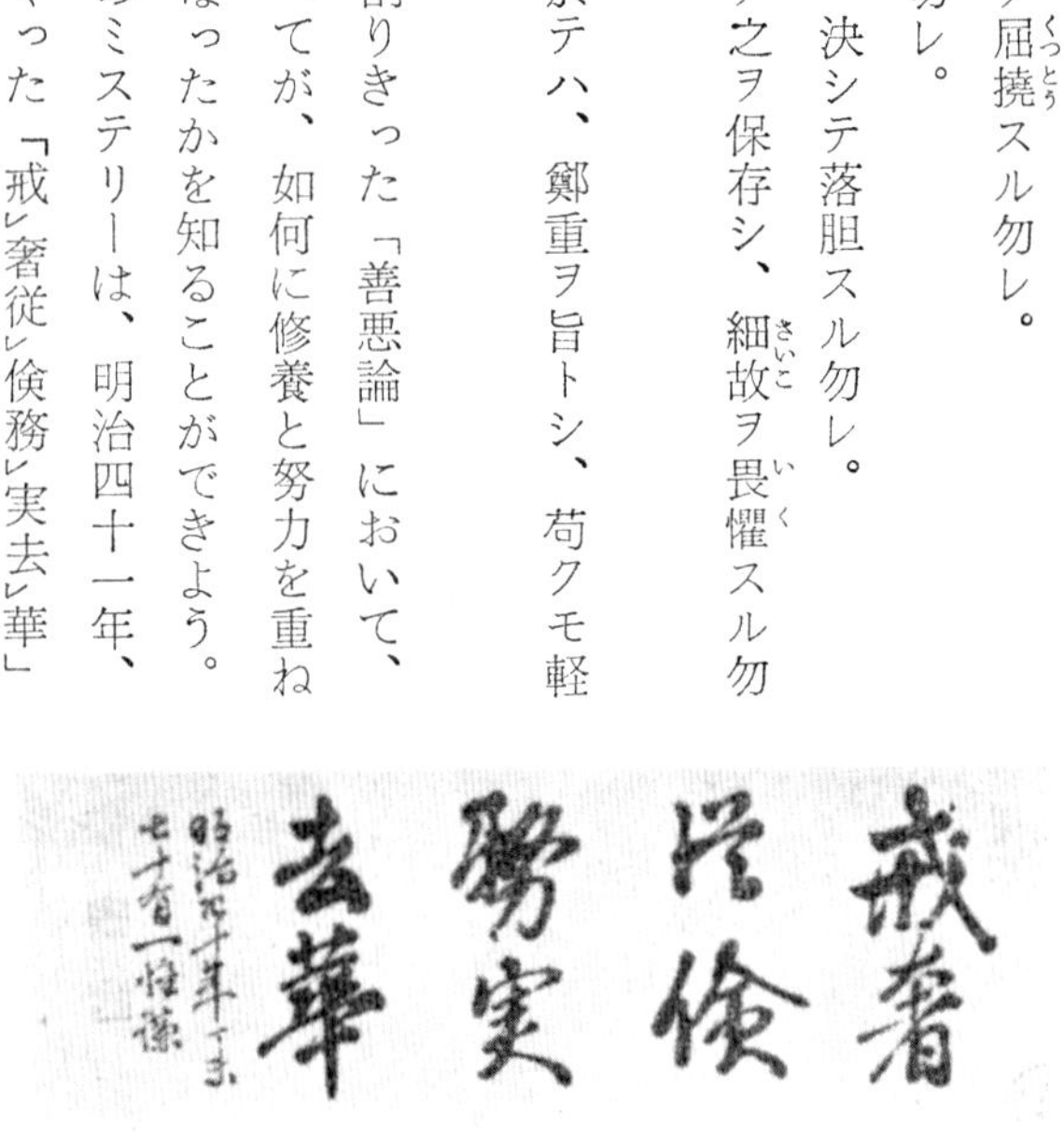

児島七十一歳の自戒の書

という自戒の金言の中にも結晶している観がある。すなわち彼は、かくの如くに小我を棄てきって人生に処し、人間の権利に仕えることができたのである。

しかも法を守り通した彼が、法万能主義の徒でなかったことも注意すべきである。それは次の文章の中にも、躍如《やくじょ》としている。曰く、「窃《ひそか》ニ惟《おも》フ、法律ハ国家ノ精神ニシテ、庶民処ヲ得ルノ根源ナリ。然リト雖法独リ行ハレズ。其ノ行ハルヽ人ニ由《よ》ル。故ニ訟獄ヲ聴裁スルノ要タル、情ヲ索《もと》ムル精密ニシテ其実ヲ得ルニアリ。然ラズンバ則チ法律ハ却テ奸徒ノ弄具《ろうぐ》トナリ、法官ハ終《つい》ニ良民ノ蟲蠹《ちゅうと》トナル。豈《あに》慎マザルベケム乎《や》」（「名古屋裁判所開庁祝辞」中の一節）。かくの如くに彼は、法曹である前に、純乎《じゅんこ》たるヒューマニストであったと言わなければならない。

純乎たるヒューマニスト

その誠実なる性格は、彼が大津事件の際に、首相松方正義・法相山田顕義に示した「意見書」にも示されている。例えば、次のように言っている。曰く、「審《つまびら》カニ其禍害ノ由ル所ヲ察スルニ、概シテ事ヲ始メニ誤リ、敢テ剛明果断ノ計ヲ為サズ、妄《みだ》リニ苟且姑息《こうしょこそく》ノ術ヲ執リ、以テ一時偸安《とうあん》ヲ企図スルニ出デザルナシ。其局ニ当ル者、豈機微ノ間ニ於テ深ク警戒ヲ加ヘザル可ケンヤ」と。これによって、彼の護法・護憲の根本的態度が、法万能論を越えた人間尊重の条理を重しとしているところにあることが明らかに知られる。従って、その法解釈の態度は極めて厳格となり、権力の便宜のためにする拡張的解釈を極力忌避するのである（後述第五参照）。

人間尊重の条理

正論的性格

彼が、明治天皇の名古屋地方巡幸にさいし、右大臣岩倉具視に提出して、巡幸関係者の虚飾主義・形式主義・官僚主義を衝いた「御巡幸要義」と題する文章にも、はたまた叙勲を辞退しようとして草した太政大臣三条実美に宛てた「辞叙勲表」の中に見える官僚偏重の叙勲政策攻撃の激越の言辞の中にも、火焰にも似た彼の正論的性格を見ることができる。

それ故、このような児島惟謙の性格と、いわゆる「弄花事件」（第二参照）とは、殆んどその関係を想察することが困難である。またその相撲と囲碁の趣味はよいとして、獣猟を好んだと言われていることも、私には解し難い感じがするのである。

「御巡幸要義」

「御巡幸要義」（明治十一年十月二十七日）で、名古屋裁判所長たりし彼は次の如くに言っている。曰く、

巡狩《じゅんしゅ》ノ義邈《はる》カニ虞書《ぐしょ》ノ舜典《しゅんてん》ニ見ユ。本朝列聖亦行幸ノ事アリト雖、皆以テ経世ノ法ト為スニ足ルモノナシ。今上天皇陛下ニ至ルニ迨《およ》ンデ既ニ絶世ノ鴻業ヲ創立シ紀綱大ニ張リ、節目並ビ整ヒ、迺《すなわ》チ明治五年夏初メテ西巡ノ大典ヲ挙行セラル。続イテ九年夏奥羽御巡幸アリ。而シテ其要旨ヲ案ズルニ、蓋シ三条トス。曰、親シク風土民情ヲ被《しろし》㆓知食《めされ》㆒、以テ国憲ノ基礎ヲ定ムルニ在リ。二曰《にく》、至尊ノ威ヲ降シテ以テ旧弊ヲ破リ、跋渉《ばっしょう》ノ労ヲ厭ハズシテ以テ易簡《いかん》ノ道ヲ示スニ在リ。三曰《にく》、従官容儀静粛品行方正、人ヲシテ感化セシムルニ在リ。此ヲ以テ鳳輦《ほうれん》ノ過グル処、民皆欣々然《きんきんぜん》恩ヲ知リ威ニ従ヒ頑陋《がんろう》ノ私念ヲ洗滌《せんでき》シ、愛国ノ志気ヲ発揮セザルハナシ。譬《たと》ヘバ猶雲行《うんこう》雨絶《ぜつ》シテ万物形ヲ布クガ如ク、奥羽ノ人才従《これ》㆑是《より》奮起スベク、奥羽ノ開化従㆑是端ヲ発スベシ。其功亦偉ナル哉。今兹《ことし》明治十一年秋北陸・東海 御巡幸ノ令アリ、期ニ先チ沿道地方官ニ諭達シテ曰《く》、御巡幸ノ義ハ親シク地方民情ヲ可㆑被㆓知食㆒御趣意ニ付キ、百般ノ事務形

容虚飾ニ亘リ、一体ノ聖旨ニ不ニ乖戻《かいれい》一様厚ク注意可ㇾ致云々《うんぬん》ト。善哉《よいかな》意ヤ、美哉《よいかな》言ヤ、以テ奥羽　御巡幸ニ比スレバ其光アルヲ知ルニ足レリ。然リト雖豈全ク形容虚飾ナキヲ得ムヤ。何トナレバ則チ駟馬《しば》雄逸《ゆういつ》御車ヲ曳《ひい》テ馳《は》ス、官道ニ由《よ》ルニ非ズシテ何ゾ。而シテ官道ハ則チ形容ノ作ル所ナリ。大厦堂《たいかどう》以テ行在所《あんざいしょ》ト為ス。都会ニ非ズンバ安《いずくん》ゾ之ヲ得ム。而シテ都会ハ則チ虚飾ノ湊《あつ》マル処ナリ。其他拝観ノ男女麗服路ニ満ツルハ是レ形容ノ一ニシテ、宣読《せんどく》ノ祝詞至ル所繁キモ亦虚飾ノ一ナリ。夫《そ》レ形容ハ人ヲ惑シ易ク、虚飾ハ人ヲ欺キ易シ。已《すで》ニ惑ヒ且ツ欺カル、聡明睿知《えいち》モ変ジテ昏愚《こんぐ》ト為《な》ラムトス。夫レ此《かく》ノ如クンバ焉《いずくん》ゾ能ク地方民情ノ実相ヲ察知スルヲ得ムヤ。加ㇾ之《しかのみならず》供奉《ぶ》ノ官吏若シ誤テ品行ヲ欠クアラバ、隠《かくれたる》ヨリ顕《あらわ》ナルハナク、識者ハ額ヲ蹙《あつ》メテ慨歎シ、愚者ハ争ウテ之ヲ学ブニ至ラム。如ㇾ此《かくの》ナレバ数万ノ財ヲ費シ、数百里ノ遠遊ヲ為シ、数百ノ遊客ヲ放テ、以テ人国人民ニ品行ヲ敗リ風儀ヲ害スルノ方ヲ教フルニ似タリ。御巡幸ノ要旨豈如ㇾ此ナラムヤ。顧ルニ田舎ハ実相ノ存スル所ニシテ、村落ハ真況ノ在ル所トス。荒径寂寥《こうけいせきりょう》車馬通ゼズ、敝廬《へいろ》敗屋《はいおく》纔《わずか》ニ霜露ヲ障《ふさ》グ。貧民ノ耕織《こうしょく》ニ従事スルヤ、終歳役々《しゅうさいえきえき》穀ヲ作ルモ穀ヲ喰フヲ得ズ、帛《はく》ヲ製スト雖帛ヲ衣《き》ルヲ得ズ。襤褸《らんる》百結疎食ヲ喰ヒ水ヲ飲《いん》シ、人事ニ通ゼズ世態ヲ辨ゼズ、毎《つね》ニ政府ヲ怨罵《えんば》シテ聚斂掊克《しゅうれんほうこく》ノ会所ト為ス者アリ。是ヲ嚮《さ》キノ形容虚飾ノ者ニ比スレバ、相距《さ》ル何《ぞ》啻《ただに》霄壌《しょうじょう》ノミナラムヤ。然リ而シテ臣請フ、此二ツノ者ニ就テ誠ニ之レガ利害得失ヲ断ゼム。今夫レ天皇陛下官道ニ馬車ヲ駆リ都会ニ泊ヲ命ジ、麗服ノ聯翩《れんぺん》タルヲ見、祝詞ノ賞賛ヲ聞キ喜ンデ曰ク、我国已ニ富強ナリ我国民已ニ文明ナリ、朕以テ肆然《しぜん》枕ヲ高ウスベシト謂《い》ハヾ、禍乱ノ蔓延スル所誰カ能ク之ヲ救ハム。若シ之ニ反シ、荒径菜根《こうけいさいこん》ノ苦《にが》キヲ咬《か》ミ麤《そ》衣悪食ノ状ヲ憐ミ、悲歎怨望ノ言ヲ察シ、憂ヘテ曰ク、我国猶貧弱ナリ、我民猶未開ナリ、朕以テ勉焉《べんえん》暫クモ安坐スベカラズト謂ハヾ、国家ノ幸福豈疆《きわま》リアラムヤ。然レバ則チ一喜一憂ハ禍乱幸福ノ関スル所ニシテ、其原由ヲ尋ヌレバ虚飾ト実相トノ分界ニ外ナラズ。其機如《かくの》此、慎マザルベケムヤ。嗚呼《ああ》龍駕《りゅうが》ノ過グル所実相ノ地多キカ、将《は》タ虚飾ノ地多キカ。若シ不幸ニシテ虚飾ノ地多ク形容ノ事多シトセバ、臣窃《ひそか》ニ御巡幸ノ聖旨ト或ハ乖戻《かいれい》セムコトヲ懼《おそ》ル。今後又必ズ他道御巡幸ノ典アラム。臣窃ニ首ヲ翹《あ》ゲ目ヲ刮《かっ》シテ之ヲ本年ノ御巡幸ニ比シ、其光リ幾層ナラムヲ観察セムトス。

「辞叙勲表」では、次のように言っている。曰く、惟謙儀、過ル四月廿七日勲六等ニ叙セラレ候旨ニテ、勲記・勲章・略綬等本日御授与相成、寔《まこと》ニ難ㇾ有仕合ニ奉ㇾ存候間、謹而《しんで》拝受可ㇾ仕之処、退而《いて》顧ルニ、臣惟謙奏任官在職以来年数期限ノ如キハ本年発布ノ初叙例ニ適セザルニアラザルモ、未ダ嘗テ殊勲ノ記スベク成績ノ録スベキモノアラザレバ、輒《すなわ》チ斯《こ》ノ顕栄ノ勲章ヲ佩用《はいよう》スルニ堪ヘザルノミナラズ、区々ノ微衷黙止《びちゅうもくし》拝受ス可ラザルモノアルニ由リ、敢テ斧鉞《ふえつ》ヲ冒《おか》シ聊カ国家ノ為ニ上陳スル所アラムトス。

伏シテ案ズルニ、勲爵ニ尊ブ所ハ国家ニ対シテ殊勲成績ノ顕著ナル旨ヲ鑒定シ、之ガ名誉顕栄ヲ表セラレ、天下ノ人心ヲ収攬シテ益々徳義ノ心ヲ奨励シ忠愛ノ志ヲ奮興セシムルニ在リ。故ニ叙勲也者《なるものは》国家ノ美麗ナル大権ノ作用ニ出《いで》テ国家百年ノ長計ノ繋《つなが》ル所ナルヲ以テ、公明正大一視同仁ノ旨趣ヲ体セラレテ遍《あまね》ク臣民一般ノ殊勲成績アル旨ヲ待チ、文官ニ私セズ武官ニ専ラニセズ、在朝在野ヲ問ハズ政教学術工芸ヲ論ゼズ、間接ニ直接ニ国家ニ対スル殊勲異績ヲ奏シタル者ハ各々其勲労功績ノ差等ニ応ジテ叙勲ノ顕栄ニ与《あず》カルヲ得ベキモノナラム。若夫《もしそれ》名誉顕栄ハ独リ在朝百官ニ止マリ、就ㇾ中現任行政官吏ノミ特受専叙セラル、姿トナリ、曽テ国家ニ対シテ異数ノ勲労功績アルモノト雖一旦印綬《いんじゅ》ヲ解テ草莽《そうもう》ニ退居スルトキハ復《ま》タ叙勲ノ顕栄ニ与カルヲ得ル能ハズトセバ、則チ天下有為《ゆうい》ノ志士ハ望ミヲ叙勲ノ顕栄ニ失シ、其不平快々《おうおう》ノ情、鬱勃激《うつぼつげつ》昂《こう》ノ気、或ハ不測《ふそく》ノ禍変ヲ攪起《かっき》セザル無キヲ保ス可カラズ。蓋シ名利ニ熱中シ易キハ人情ノ自然ニシテ、之ヲ得ルニ難《かた》ケレバ愈々之ヲ得ムコトヲ欲シ、之ヲ求ムルニ路ナケレバ倍々《ますます》之ヲ求ムルハ彼我古今血気社会一般ノ情態ナルヲ以テ、当路者今日ノ計ハ宜シク人情ノ自然ヲ誘導シ、百方其情熱ヲ冷殺《れいさい》シ、巧ニ血気的ノ循還スルコトヲ務メザル可カラズ。

今ヤ然ラズ、維新ノ元勲、在野名望ヲ繋グノ士ニシテ相当ノ勲ニ叙セラレシ者果シテ幾人カアル。殆ド叙勲ノ顕栄ヲ挙ゲテ専ラ現任行政官吏ニ授与スルノ看《かん》アルガ如キハ、即チ在野不平党ノ情熱ヲ激動シ、其外看嫉妬《がいかんしっと》上ヨリ起ル所ノ軽躁《けいそう》ナル志望ヲシテ偏ヘニ政治局部ノ一方ニ傾斜スルノ弊害ヲ助長スルニ足ルモノナシトセズ。之ヲ如何ゾ国家百年ノ長計ヲ得タリト謂《い》フベケムヤ。

由レ之観レ之《これによってこれをみるに》叙勲ノ顕ニシテ文武百官ニ止メ、就レ中《なかんずく》行政官吏ニノミ偏厚偏重スルノ不可ナルコト知者ヲ待タズシテ知ルベキナリ。伏シテ願クハ一視同仁、公明正大ノ旨趣ヲ体セラレ、朝野其人ヲ殊別《しゅべつ》セズ、京官ト外官トノ地位ニ厚薄ナク、一々勲労其物ノ多少ヲ量定シテ相当ノ勲章ヲ授与スルヲ主義トシ、仮令《たとい》草莽《そうもう》一介ノ小民ト雖、寔《まこと》ニ国家ニ対シテ殊勲異績ヲ奏シタル者ハ宜シク速ニ叙勲ノ栄ニ与《あず》カルヲ得ベキノ制ヲ実行シ、以テ政治局部ノ一方ニ傾斜スル一般ノ情熱ヲ冷却シ、社会全体ノ血気ヲシテ循環ノ常態ニ復シ、更ニ激昂異常ノ変無カラシムルトキハ国家ノ治安ニ裨益《ひえき》アル浅少ニアラザルベシ。

抑《そもそも》文武百官ニシテ積年ノ勤労尠《すくな》カラザリシ者ハ概ネ昨年中、未ダ叙勲条件ノ発布セラレザルニ先ダチ夙《つと》ニ特例ナル叙勲ノ栄ニ与カリ、本年四月以降叙勲セラルベキ者ハ条件ニ準拠シテ其顕栄ヲ受クベキノ制ナラムト雖、惟謙ノ如キハ徒ラニ年数期限ノ例《れい》格《きゃく》ニ合スルノミニシテ尺寸《せきすん》ノ微勲ダモアラザレバ、斯《こ》ノ顕栄ナル勲章ヲ辱《はずか》シムルニ足ラズ。殊ニ在野有功有労ノ先輩ニシテ未ダ是等ノ顕栄ヲ拝受シ得ザル者アルヲモ顧ミズ進ンデ勲章ヲ佩用シ顕栄ヲ表示スルハ惟謙ノ為スニ忍ビザル所ナレバ、区々微衷《びちゅう》ノ在ル所ヲ上陳シ、併《あわ》セテ今般授与セラレタル所ノ勲章勲綬ヲ返上シ、叙勲ノ苟《いやし》クモス可カラザルヲ明《あか》サムトス。閣下賢明、須《すべか》ラク焉《これ》ヲ諒納《りょうのう》セヨ。事国家ノ長計ニ関シ忌諱《きき》スルニ遑《いとま》アラズ。言辞自《おのずか》ラ過激ニ渉《わた》ル、斧鉞《ふえつ》ノ責《せめ》免ガルベキ所ナシ。激切惶恐《げきせつこうきょう》之至ニ勝《た》ヘズ。

明治十六年五月廿四日

長崎控訴裁判所長

判事従五位　児島惟謙

再拝

太政大臣兼賞勲局総裁

従一位大勲位三条実美公閣下

第四　大津事件における児島惟謙

一　大津事件の発端

ニコラス皇太子

明治二十四年（一八九一）五月十一日、滋賀県大津市において、当時、シベリア鉄道起工式に出席のため、ロシア艦隊を率いてウラジオストック港に赴く途中、わが国を訪問旅行中であったロシア帝国皇太子ニコラス＝アレ

ニコラス＝アレキサンドロヴィッチ露国皇太子

キサンドロヴィッチ親王（二十五歳）の琵琶湖観光よりの帰途を擁して、警衛中の巡査津田三蔵が、突如抜剣して二度斬りつけて頭部に負傷をさせ、車より飛び降りて遁《のが》るるところを更に追って斬ろうとしたが、ついに殺戮《さつりく》未遂に終った事件が、「大津事件」または「湖南事件」と呼ばれている大事件の発端である。

ニコラス＝アレキサンドロヴィッチ親王のその後の悲運について、児島惟謙の筆録である『大津事件顚末録』中の花井卓蔵博士執筆の小引《しょういん》は、次ぎの如くに述べている。曰く、

ニコラス親王殿下は千八百九十四年即ち明治二十七年父帝崩御の後を襲ひニコラス第二世として君臨せられ、在位二十四年に迨《およ》ぶ。既にして革命派の為めに帝位を剝《は》がれ、千九百十七年即ち大正六年六月十七日ウラル山の東麓エカテーリンブルグ（現スウェルドロフスク）に於て銃殺せらる。栄華難ニ久《しく》居一盛衰不レ可レ量《はかる》。我等亦一掬《いっきく》同情の涙なき能はず。その在位中千八百九十四年即ち明治二十七年日清の役起り、千九百四年即ち明治三十七年日露の役起る。

すでに弱冠にして異国で難を得たニコラス＝アレキサンドロヴィッチ皇太子が、皇帝としてもまた、ついに剣難の運命をまぬがれ得なかった次第については、私もまた頗る感なきを得ないものがある。

兇漢津田三蔵は、忽ちロシア皇太子の人力車に後続した人力車を飛び降りたギリシア国のジョージ皇子（ロシア皇太子の従弟、二十三歳）によって竹鞭をもって乱打され、つづいて二名の車夫（北賀市太郎・向畑治三郎）がこれを引き倒し、剣を奪って斬りつけてこれを取り押え、次いで木村警部らが捕縛した。

津田三蔵

大津事件突発の地点

皇太子の急を救った二人の車夫

この車夫両名は、その功により勲八等に叙せられ、終身年金参拾六円を下賜され、またロシア皇太子坐乗の露艦に招かれて露国勲章と二千五百円を与えられ、更に終身年金壱千円を受けることになった。かくして彼等は一躍人気者となり、また羨望《せんぼう》の的にもなった。その一人（北賀市《きたがいち》）は、のち石川県の郡会議員に選ばれた。しかるに、他の一人（向畑）は、日露戦争のころより俄かに世の白眼視を受け、自暴自棄に陥り零落した。

一方、ロシア皇太子は、附近の民家（永井長助呉服店）において、一時応急の手当を受け、儀仗兵の護衛でひとまず幌《ほろ》を下ろし

ロシア皇太子が応急手当を受けた民家（昭和37年現在）

後頭部の負傷

た人力車に乗って滋賀県庁に引き上げたが、邦医の治療を拒み、馬場駅より汽車で京都に至り、常磐ホテルに帰室して、そこでロシア医官の手によって治療を受けた。すなわちその傷は、後頭部右側顳顬《しょうじゅ》部に長さ九センチメートル、深さ骨膜に達するものであったが、しかし頭蓋骨には達せず、負傷後の経過もまた良好であった。しかし、ロシア本国の皇后の命令で、神戸港に碇泊の軍艦に引き上げて療養し、同月十九日、予定のスケジュールを全部打ちきって帰国することになり、その日本遊覧は長崎・鹿児島・神戸・京都・大津だけにとどまり、その予定されていた日程（大阪・奈良・横浜・東京での諸行事、江の島・宮の下・熱海・日光・仙台・松島・盛岡・青森の観光）は実現を見ずに終った。

二　政府の狼狽

政府の狼狽

大津事件は、青天の霹靂《へきれき》の如くに日本中を震撼《しんかん》した。それは、この危害事件が、

ロシア帝国恐怖症

強大なる陸軍をもっていたロシア大帝国を激怒させることになって、侵略戦争を仕掛けられはしないかという恐怖感を、国賓大歓迎陣を布いていた政府のみならず、一部国民が抱いたためである。いわば一種のロシア帝国恐怖症の発作的現象であった、と言うことができる。

犯行の動機

加害者津田三蔵は三重県人の士族として、剣道の心得もある陸軍下士官（軍曹）出身の一種狭隘《きょうあい》な攘夷思想をもった人物で、「狂人の家筋」だと報じた新聞（『郵便報知新聞』）もある。彼はロシア帝国がわが国に対し侵略の意図を有することをかねてより臆測していたため、ロシア皇太子の来遊は、その侵略の前提としての視察と調査のためであろう、と妄想《もうそう》したのである。そればかりでなく、わが天皇に訪問の挨拶をしないで西日本の遊覧旅行をするとは何事かという怒心もあって、しからば、これを斬って国患を未然に除き、ロシア帝国の心胆を寒からしめようという浅慮な愛国心が、この犯行の動機になったものである。しかしひとり三蔵のみならず、

伊藤博文

松方正義

当時のわが国には、この種の流言が流れ、不穏の雰囲気があって、不安・動揺が人心を支配していた。このような国情が、危害事件の背景をなしているのである。従って、三蔵の愚挙を壮とするものも少なくはなかったのである。しかしこの刺《し》客《きゃく》に対し、「社会的制裁」を社説で強調したものは『大阪毎日新聞』等であるが、これが一般の世論でもあったと言えよう。

松方総理と伊藤枢相の驚愕

かくして、組閣匆々《そうそう》の松方首相を始め、西郷(従道)内相らの全閣僚を醜《みにく》く狼狽せしめる騒ぎとなり、明治の大政治家と言われる、当時枢密院議長の伊藤博文なども、箱根でこのニュースに接して思わず箸を取り落すなど、驚愕《きょうがく》、度《ど》を失ってしまった。三宅雪嶺博士は、その著『同時代史』第二巻(四三三ページ)において、これを、

「……突発の事変にて露国側が驚き、日本側が幾層か多く驚く。政府は警護の任に当れる巡査が皇儲《こうちょ》を斬りしとあるに驚き、殆ど為すべき術《すべ》を知らず、官の高く、職の重きほど周章狼狽し、其の低き者の岡目八目《はちもく》的なる策を待つ」、

と活写している。

伊東巳代治

伊東巳代治の知慧

また、『伯爵伊東巳代治《みよじ》』伝上巻(一五四ページ以下)は、枢密院書記官長伊東巳代治

の、その際における策と面目とを次の如くに伝えている。曰く、

伯は兇変の当日枢密院事務所に在りしが、急使に接して直に首相官邸に駈付け、松方首相以下各大臣鳩首凝議《きゆうしゆぎようぎ》の席に列して、首相より意見を求められたるに対し、「此の前後措置は、到底諸公の力の及ぶ所にあらず。畏れ多きことなれども、至尊の御力に縋《すが》り奉るの外に途なし。先づ詔勅を賜はり、且速に京都に行幸仰出され、親しく御見舞遊ばされることを奏請すべし」と所見を開陳し、即座に詔勅案を起草して提出したり。斯《か》くは廟議一決し、同夜九時松方内閣総理大臣を御前に召されて、左の勅語（勅語後出、略）を賜はりしが、これ実に伯の起草したる案文を採用せられたるものなり。……而して伯の京都滞在中は、伊藤の命を受けて機務に参加したるのみならず、我が皇室と露国皇室との間に交換せられたる、数次の御親電御宸翰の起案翻訳にも尽瘁《じんすい》する所多大なりしと云ふ。

しかし、この事件について、終始冷静であった大審院長児島惟謙は、

外交ノ問題ニ於テ、政府ハ実ニ今ヤ噴火口頭《とう》ニ立ツモノトシテ戦慄セルト同時ニ、国家三千年ノ生命、此ニ至リテ或ハ断滅ノ厄運ニ遭遇スルモノトシテ悲メリ。当時ノ内相タル西郷従道《つぐみち》伯ガ露国ノ軍艦ハ江戸湾ニ来ルベシト放言シテ悲嘆セシ一事ヲ以テモ、容易ニ当時ノ行政官庁が如何ニ憫笑《びんしょう》スルニ堪ヘタル失望落胆ノ深淵ニ沈ミシカヲ知ルベキナリ。上《かみ》政府既ニ然リ、下《しも》国民ノ一般ガ一部ノ具眼者ヲ除キテ、周章狼狽ヲ極メ恰《あたか》モ神経病者ノ如クニ沈欝シ狂燥セシハ、少シモ疑念ヲ挟《さしはさ》ムノ要ナキナリ。

（児島惟謙、前掲書、四―五ページ）

という感懐をのちに洩らしている。しかし、三宅雪嶺博士は、「当初児島大審院長も必ずしも強硬ならざりしと言はるゝ」（同『同時代史』第二巻四四五ページ）と評しているが、これは児島惟謙の見識を深く考察した言葉とは言い得ない。

従って、今日、遠山茂樹教授が、

明治政府の受けとめ方の中には、封建時代の攘夷思想の裏返しとして、今度はヨーロッパ列強に対する強い拝外主義があり、屈従していくという政策がとられると同時に、近隣の弱い諸民族に対しては侵略していく、それによって日本のアジアでの地位を確立して、ヨーロッパ列強に対等の地位を認めてもらおうとする政策がとられた。この明治政府の外交方針が、この事件の背後にあったことを理解しないと、ロシアがどう動くかに対して、あれほど政府が神経過敏になって狼狽した理由がわからないのじゃないかと思います。

（「児島惟謙の功績」『世界』九七号中の発言）

と言っているのは、惟謙と同様の正しい考察ということができよう。それ故私は、今なお、政府のとろうとした措置をやむを得ない必然だったとする人々のいることを、むしろ不思議に思わざるを得ないのである。

三　明治天皇の憂慮

明治天皇の憂慮

明治天皇がこの事件にいたく驚愕され憂慮されたことは当然である。すなわち、直ちに北白川宮（能久親王）を、高木海軍軍医総監・池田侍医、その他の宮内官吏らとともに、ロシア皇太子の見舞に派遣され、また「今次朕が敬愛する露国皇太子殿下来遊せらるゝに就き、朕及朕が政府及臣民は、国賓《こくひん》の大礼を以て歓迎せんとするに際し、図《はか》らざりき、途大津に於て難に遭はせらるゝの警報に接したるは殊に朕が痛惜に堪へざる所なり。亟《すみや》かに暴行者を処罰し、善隣の好誼を毀傷《きしょう》

明　治　天　皇

することなく以て朕が意を休せしめよ」、との勅語を松方首相に与えられた。
かくして西郷内相・青木（周蔵）外相も、その夜、橋本軍医総監らとともに京都に急行した。さらに翌日、明治天皇は親しく京都に見舞に向われ、翌十三日常磐ホテルに臨幸、ゆきとどいた見舞の言葉を述べられた。さらに、枢密顧問官榎本武揚を、遣露使節として、ロシア皇帝に対し、お詫びの礼をつくされようとも計画された。これは先方の強い辞退によりて沙汰止みになった。また、ロシア皇太子の軍艦引き上げに際しては、ロシア公使シェウィッチの懇請もあって、これを神戸港の桟橋まで見送られた。

見舞の勅語の要旨は、「土地の隔絶せるがため、事情自ら通ぜずして、殿下の御両親陛下の御心痛はさこそと察し参らす。件の暴行人は早速、有司において国法に因り処罰するは元よりのことなれども、その罪や悪《にく》みても猶ほ余りあり。朕は殿下の御身を重んじ十分の御療養を加へられ、一日も早く御全癒に到らんことを祈る」という内容のものであった。しかし、その中にも、また松方首相への勅語の中にも、犯人を死刑に処すべしとする言葉はすこしも見当らないのである。

このように一時は、明治天皇を始めとして、皇室・政府・国民等、全く朝野を挙げての見舞攻めの観を呈した。三宅雪嶺博士は、このことについて、

政府にては能ふ限り痛惜の赤誠を露国に示さんとし、関係を辿《たど》り、有らゆる団体より総代を出だし、見舞の意を表せしむ。政党、政社、県会、市会、銀行、会社、学校、学会等、人を以て、書を以て、電報を以て、続々見舞ひ、神社仏閣は平癒の祈禱を執行し、茶屋料理屋は芸妓の鳴物を停止し、誠に挙国一致の形を備ふ。学士会は従来何の為す所なきに、驚くべき緊急事件ありとて、会員を一橋講義室に召集し、外山（とやま）文科大学長が大津事件を陳べ、本会より御見舞の総代を派遣したしと云ひ、末延道正、三崎亀之助を指名し、二人が御受けして退散せり。……

三宅雪嶺

一万を越えた見舞状

皇儲《こうちょ》旅館及び露国公使館に見舞状が一万を超えたることが露国側の感情を和《やわ》らぐるに与《あず》かれるも、往々甚だしきに過ぎ、本気の沙汰とは思はれず。

（同『同時代史』第二巻四三ページ）

『原敬日記』

と述べている。また『原敬日記』（明治二十四年五月二十三日）は、「人民よりも露国皇太子に贈進したる物品甚だ多し、露国政府は甚だ穏当の態度を取り、皇太子も我皇室の優渥《ゆうあく》なる待遇に満足の意を表したりと言へり」、と記述している（なお、この間の記述で詳細をきわめているのは、尾佐竹猛『湖南事件』である）。

ロシア皇太子誕生日祝

さらにまた、同月十八日は、恰《あた》かもロシア皇太子の誕生日で、神戸港に碇泊のわが軍艦は満艦飾《まんかんしょく》を施してこれを祝い、神戸市もまた飾付けや花火等を以て昼夜にわたって祝意を表し、明治天皇も祝電を発し、祝品を贈られた。そしてロシア皇太子帰国の日である翌十九日には、天皇は計画された送別の宴を先方の都合でとりやめ、却ってその午餐の招待に応じて軍艦アリゾヴァ号に赴き、無事送別を終えて午後二時離艦、午後五時すぎ京都御所に還御され、側近の心配は杞憂《きゆう》に終った。一方、アリゾヴァ号を先頭とした六艘より成るロシア艦隊は、午後四時四十分、抜錨《ばつびよう》して神戸港を出帆した。すなわち、わが軍艦八重山・高雄・武蔵の三艦が、これにつづき、遙か下関海峡沖合まで見送った。

ロシア艦隊帰国の途につく

これよりさき、すなわち同月十六日、政府は「新聞紙雑誌又ハ文書図画ニ関スル件」勅令第四十六号を発布し、また内務省令第四号を発布して、外交上に係《かかわ》る事件の言論を強く取締った。そのため、新聞の一般的論調は津田三蔵を狂人として扱い、「苟《いやしく》も日本人民なるもの、此の凶事に向つて眉を顰《ひそ》めざるものは非ず。……或時は喪家《そうか》の狗《いぬ》の如く呆然《ぼうぜん》として、我を自失して策の出づる所を知らず」云々という類の記事に満ちていた。従って、このような調子を外《はず》して処分された新聞もあり、また上陸した露国軍艦乗組員の乱暴狼藉《ろうぜき》の状態など記事差止めとなった。すでに進退伺い中の沖守国滋賀県知事・斎藤秋夫同警察部長らは同日免官に

新聞等言論に対する取締り

事件関係者の処分

なり、判決にさきんじて津田三蔵の勲記を褫奪《ちだつ》した。また、判決後、西郷内相・山田（義顕）法相らを免官にし、内閣の大改造を行った。

勅令第四十六号

勅令第四十六号は、「内務大臣は特に命令を発して新聞雑誌又は文書図画に外交上に係る事件を記載する者をして予《あらかじ》め其事案を提出せしめ、之を検閲して其記載を禁ずることを得。之を犯す時は発行人、編輯人又は発行者、著作者を一月以上二年以下の軽禁錮又は二十円以上三百円以下の罰金に処す。内務大臣の検閲を経たる事項を転載するは前項の限りにあらず。本令は発布の日より施行す」と言うのである。

駐露公使西徳次郎

駐露公使西徳次郎が、この事件を不利に転回せしめないため、任地ロシア帝国の首都にあって、適切なる外交官としての活躍をしたことも当然のことながら、

畠山勇子の憂死

当時東京在住の一女性、畠山勇子（二十七歳）が、明治天皇の御心痛を痛感し、更に日本の将来を考えあぐんで、やむにやまれぬ気持を抱いて西下した、そして五月二十日午後七時、京都府庁前において剃刀《かみそり》をもって咽喉を突いて自殺を遂げた

ことも、無視され得ない一事件であった。いわば、「狂症ハ益々前後思慮分別ヲモ惑乱シ来レリ」（児島惟謙、前掲書、五ページ）という当時の国状のそれは一反映でもあった。かくして、「露国は日本の周章狼狽を極むるを見、以て足るとしたらん」、と三宅雪嶺博士の『同時代史』（第二巻、四四五ページ）は皮肉を言うのである。

畠山勇子が、日本政府・露国政府等に遺書十通をしたためて憂憤自殺をした事件が、センセーションと世人の同情を喚起したことは言うまでもない。原田光三郎氏が、その遺書の「文章はきわめて幼稚であるが、尽忠報

畠山勇子の墓

国に燃ゆるの一念と切々の情とがよくあらわれ、鬼神をも泣かしめるものがある」と言っている（原田『児島惟謙伝』六三ページ）とおりである。また、京都市下京区中堂寺西寺町の末慶寺に葬られた「烈女畠山勇子」の墓の碑の裏面には、谷鉄臣によって、「勇子、安房長狭郡鴨川町人。天性好㆑義。明治二十四年五月二十日有㆓憂国事㆒、来㆓訴京都府庁前㆒自断㆑喉死、年二十七」と誌されている。参詣者も、追悼の詩歌・文章を寄せた者も多く、翌明治二十五年四月には、末慶寺の和田準然和尚によって小冊子『畠山勇子伝』が刊行された。またのちに、沼波瓊音『大津事件の烈女畠山勇子』が出版された。このように、彼女の憤死は、当時の国民感情に訴えるところがきわめて強かったのである。

のみならず、当時松江に在住せし小泉八雲（ラフカディオ＝ヘルン）も勇子の死に感激した一人で、彼は明治二十八年「勇子追想記」を書き、これを、“Out of the East”に掲載した。また明治三十年には墓参をして、“Notes of a trip to Kyoto”に「墓参記」をのせている。「善良な日本の少女の霊魂の或ものはわれわれも知ることが出来る。そこには愛がある――潜在的に、極めて深くまた静かに。また一点の汚に

ウエンセスラウ＝ディ＝モラエス

も染まぬ純真——その仏教の象徴は蓮の花である所のものがある。同様に、梅花早春の雪のやうに繊麗《せんれい》な感受性がある。そこには死を物ともしない壮烈な心——そのサムラヒの遺産——が音楽のやうに柔らかなおだやかさの下に隠れてゐる。そこには宗教がある。極めて真実な、極めて単純な、——仏と神々を友と思ひ、日本人の礼譲が求めることを許す何物を求めることをも恐れない、心の信仰がある」（沼波瓊音『大津事件の烈女畠山勇子』一二四―一二五ページ）という「追想記」の一節は、これを読む者の心を打つ。

のち、ポルトガル人で神戸駐在の領事であったウエンセスラウ＝ディ＝モラエスも、明治四十一年、リスボンの雑誌『セロエーズ』に畠山勇子のことを紹介した。彼はまた津田三蔵にも同情した。彼は、津田三蔵は「自己を誤らなかつたものである。……予測といふ不可思議な現象は、人類間の想像上に屡々起るものであるから、津田も未来を予測し、近き将来に於て起るべき露国との外交問題を直覚し、満洲原野の大惨劇を観想したのである。然るに少しく時期の距離があつた為に、勇者たる誉を得る能はずして、囚人の名のもとに長逝した」（前掲書、一五〇―一五一ページ）、と言っている。そして、勇子については、その烈女たるゆえんは、「勇子の霊魂の内に、日本国民の「やまと魂」と称する精華を生じたのである。勇子の行為は神道の本旨で、其道義は国家至尊を崇拝し、場合によれば身を君国に捧げ、従容《しようよう》死に就くことを皷吹するものである。然るに仏教に於ては、自殺を一の罪悪となすにかゝはらず、血にまみれたこの婦人を、この寺院で引取り、厚く葬り、常に法会を営んでゐる。両異宗が可憐なる婦人の霊魂を永く慰めてゐるのは異彩と云ふべきである」（前掲書、一五六ページ）と、述べている。

四　児島惟謙と津田三蔵死刑論

周章狼狽せる内閣が、津田三蔵の処罰について、ロシア帝国の陸軍を畏怖して、非法・非常識の極刑主義をとり、殺人未遂の津田三蔵を死刑に処することに一致したことについて、児島惟謙は次の如くに言っている。曰く、

上下一般斯クシテ津田三蔵ノ白刃ニ神経系ヲ刺戟セラルヽヤ、其狂症ハ益々前後ノ思慮分別ヲモ惑乱シ来レリ。津田三蔵ハ斬ルベシ、津田三蔵ノ一生命ハ国家億万ノ生命ニ換フベカラズ。彼ノ生命ヲ奪ヒテ露ノ上下ニ他意ナキヲ

示シ、以テ三千年ノ帝国ヲシテ一時ノ安ヲ得セシムベシト、内閣ハ然リトナシヌ。又元老ハ至当ノ措置ナリト為シヌ。内閣ト元老ハ相携ヘテ司法ノ当局ニ法律ノ曲解ヲ迫リヌ。又暗裏ノ大波瀾ハ遂ニ滔天《とうてん》ノ勢ヲ以テ奔騰《ほんとう》シ来レリ。

（児島惟謙、前掲書、五ページ）

すなわち、政府と元老とは、津田を死刑にするためには、旧刑法一一六条（「天皇三后皇太子ニ対シ危害ヲ加ヘントシタル者ハ死刑ニ処ス」）を適用するほかに方法はない、と考えたのである。しかしロシア皇太子は、わが皇太子ではないから、旧刑法二九二条・一一二条の普通謀殺未遂罪によるべきで、皇室に対する犯罪処断の旧刑法一一六条適用は問題にならない。にもかかわらず、「国家あっての法律だ」とする権力主義者は目的のためには手段を選ばない。すなわちその常套《じょうとう》手段たる拡張解釈により津田三蔵死刑論をつくり上げて、これを司法当局に押しつけようとしたのである。彼らにとっては、帝国憲法（明治二十二年制定）も、刑法も、司法権の独立も問題ではない、法律を曲げてロシア大帝国に媚《こび》を呈することをもって、国のためだとした。しかしそれは、恥ずべき外国恐怖症にすぎず、しかもまた亡国的の愚策にすぎない。しかし彼らは、そのことを顧みる余裕をもち合わせなかった。すなわち、「明治二十四年ノ日本ハ不幸ニシテ世ノ所謂強国ト称スルモノニハアラザリキ。又世ノ所謂文明国ト讃スル程ニ進歩セルモノニアラザリキ」（児島惟謙、前掲書、四ページ）、と児島惟謙の言っているとおりである。

山田法相と伊藤枢相の戒厳令説

恥ずべく、かつ野蛮な外国恐怖症患者であった点では、閣僚に甲乙はない。ただ各人その症状を異にした。例えば、山田法相は戒厳令を発して司法部を押え、もって津田を死刑にすべしと説き、最初同説であった伊藤博文の『伊藤日記』には次の如くに記されている。曰く、

奉送の各大臣及び黒田伯、余等は松方大臣の案内に依り、永田町の官邸に至り、朝餐の饗応を受けたり。相会するもの山田、後藤、陸奥、及び主人の四

大臣、黒田及び余なり。席上、大津犯人処罰の論起る。山田伯曰く、裁判官中処刑の事に付両説あり、即ち之を罰するに皇室罪を以て擬すると、尋常謀殺を以てするとあり。余は今般の事変は実に重大にして結局予《あらかじ》め逆視《ぎやくし》すべからざるものあるを以て、其重きを取らざる可からず。万一異説を百出し、処罰に困難なるに際せば、止《やむ》を得ず、戒厳令を発するも可なり。国家の危険を防禦する為めには、非常の処置も亦施さざるを得ざる旨を述ぶ。各大臣も別に異論あるを聞かず。山田伯急に裁判官等を呼寄せ、其所見を聞き、且つ其の意を陳述すべし。云々《うんぬん》。

山田顕義

また最初通常謀殺未遂説を取ってい

後藤逓相と陸奥農相の傭刺客説

陸奥宗光

た農商務大臣陸奥宗光は、井上伯の一喝《いっかつ》に会ってこれを放棄し、こんどは逓信大臣後藤象次郎とともに、「魯国に於て往々」行われているように、刺客を雇って犯人を殺し、病死せりと為すべし、と言う策を立てて流石《さすが》の伊藤博文を唖然たらしめた。もちろん伊藤は言下にこれを斥《しりぞ》けたが『伊藤日記』で次のように言っている。「余曰く、是れ決して為すべき事に非ず、苟《いやしく》も国家主権の存する、豈《あに》かくの如き無法の処置を許さんや、人に語るも愧《は》づべし」と。そこで陸奥は、この策をも棄てて、遂に旧刑法一一六条の拡張解釈説に一変した。

青木外相の詔勅利用説と伊東巳代治の反対

また青木外相は、詔勅によって刑法一一六条適用を司法部に命令すべしと説き、伊藤が一時これに同調したが、意見をきかれた伊東巳代治（枢密院書記官長）の反論によって、それはくずれ去った。以上の如き政府内部の混乱ぶりを、『伊藤日記』は、次のように書きとめている。曰く、

前日来処刑の論あり、何《いず》れも皇室罪に擬するに異議なし。三好検事は、東京政府は、各大臣大に尽力せられ、皇室罪を以て罰せんことを主張せらるれども、大審院判事の中異議をさし挾むもの多く、謀殺未遂罪にあらざれば、或は纒《まとま》り難きを説く。青木氏は詔勅を発し、外国の皇帝及び其継嗣に対したる罪犯は、法律上に於て、之を我皇室に対し犯したるものに擬せんとの意を以て勅書案を提出す。余其文案に加筆す。青木子《し》伊東枢密院書記官長を呼び、其意見を問う。伊東の所論大に反対す。詔勅の論茲《ここ》に於て止む。午後に至り、尚朝来の議論一定せず。余は井上伯と共に魯公使を神戸に訪問し、太子に敬意を表せんと欲し闕を辞せんとす。云々。

すなわち伊東巳代治の反対が、政府のゆきすぎをこの程度に押え得たわけで、

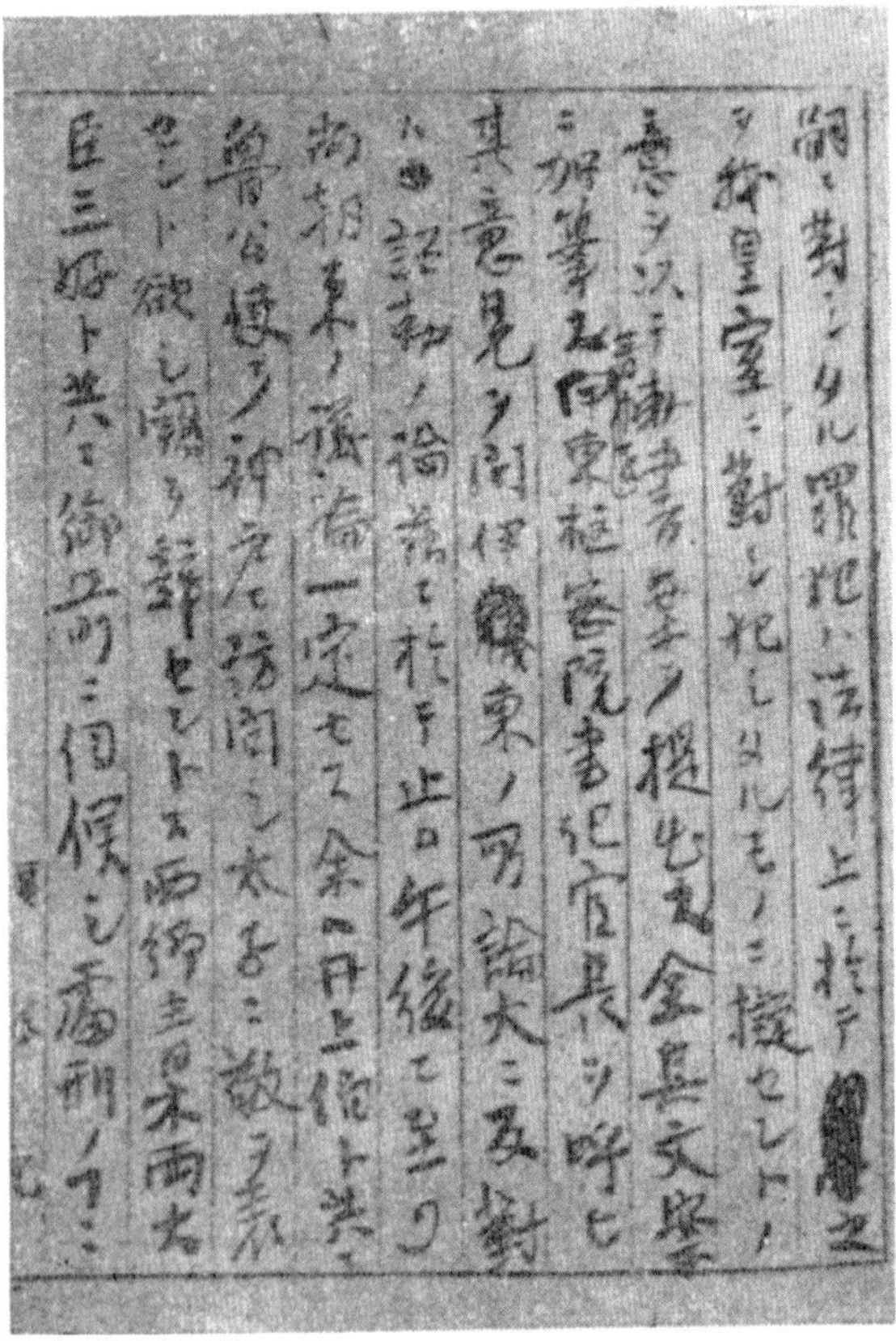

『伊藤日記』の一節

のちに児島大審院長が正論を通し得たのも、この伊東巳代治反対の一幕があったことによるとも言えるのである。『伯爵伊東巳代治』伝が、この件について、「当時伊藤を始め元老大臣等は、窮余の一策を案出し、詔勅を奏請して司法部を制圧し、飽くまで皇室罪に問はしめんと企図したりしが、伯の反対によりてその議沙汰止《やみ》となり、能く司法権の独立を保持することを得たるは、実に特筆大書すべき事績なりと謂はざるべからず」（同書、一五七ページ）、と述べているゆえんである。また松方首相・西郷内相らが、国家は区々たる法律より重し、故に憲法・法律を曲げて危局に当るべしという点を強調したのは、東京湾に露国の軍艦が攻めてくるかも知れない、という疑心と妄想に、ロシア公使の出先官僚的態度が拍車をかけたためでもあった。これについて『伊藤日記』（十六日）は、次の如くに述べている。曰く、

西郷内相の恐怖

榎本子《し》来訪するに会す。子、午後四時を以て、皇太子を其の軍艦に尋問する

の兼約あり。余等子と試みに所刑の事頗る困難なるを談ず。子曰く、本日時機を得て公使と私《ひそか》に之を談ず可しと。子は直に去つて軍艦を問ひ、再び余等を旅館に訪ふ。子曰く、試みに日本の刑法論を提出して、或は謀殺未遂を以て裁判官の擬律するなきを保し難し、左《さ》すれば其の刑は終身懲役に止るべし。公使忽ち顔色を変じ、終身懲役の刑を以て擬す、余は両国の間、何等の大事の出来すべきを保せずと、子之を慰諭して、公談にあらず、怒気を含む勿れ、と云つて立ち去りたりと。如レ斯の事情なるを以て、子の見る所も亦死刑にあらざれば、到底此事変の結局を満足にすること難かるべしとの意なりしなり。

司法権に対する干渉着手と惟謙の反撃

かくして彼らは閣議を以て、刑法一一六条を適用して津田を死刑にすべきことを評決したのである。かくして内閣閣僚は挙《こぞ》って帝国憲法を蹂躙《じゅうりん》し、司法権の独立を侵し始めた。すなわち、この内閣の評決を先ず大審院長児島惟謙に押しつけんとした。児島惟謙は直ちにこれを駁《ばく》しただけでなく、また「大審院判事全員を集めてその意見を質《ただ》したところ、すべて政府の暴論を否としたので、山田法相にこの旨を伝えた」。しかるに山田法相は、戒厳令の発布によってでも処断すべしと答え、児島惟謙は更にこれを駁論した。この法相対院長の一騎打において、すなわち児島惟謙は、

憲法ハ明治二十二年ヲ以テ発布セラレシニアラズヤ。当時ノ元老ト閣員ノ或者ハ此光栄アル憲法発布ノ詔勅ニ副署セシニアラズヤ。而シテ日本臣民ハ不可侵ノ権利ヲ得、司法官ハ完全ナル独立ノ保障ヲ得タルニアラズヤ。而シテ此憲法ハ上《かみ》　天皇陛下ハ列祖ニ誓ハセ給ヒ、下《しも》臣民ハ恪守《かくしゅ》スベキ義務ヲ負ヒ、以テ国家ノ生命トスル所ノモノニアラズヤ。元老ト内閣ノ圧迫ハ憲法ノ蹂躙ナリ、国家死命ノ侵奪ナリ。一ノ三蔵ヲ斬ルハ億万ノ自由ト安寧トヲ斬ルモノニシテ、一ノ法条ヲ曲解スルハ帝国ノ生命タル憲法ヲ無視スルモノナリ。

三蔵の生命を奪うとも国難来るべくんば来らん

而シテ司法官ノ行動ニシテ行政官ノ可否ニ因リテ動揺セラル、ニ至テハ、憲法ノ大精神ヲ破壊シテ古《いにしえ》ノ専制政治ニ還ラシムルモノト云ハザルベカラズ。況ンヤ三蔵ノ生命ヲ奪フモ国難来ルベクンバ来リ、国難来ラズンバ来ラザル、唯《ただ》一ニ露国当局者ノ意中ニ存スルモノナルニ於テヲヤ。

（児島惟謙、前掲書、六ページ）

三好退蔵検事総長の策動

というのである。これは当然の良識であり、また確実なる見透しでもあった。しかるに山田法相は、三好退蔵検事総長を京都に出発せしめて、司法権に対する干渉の準備をさせた。三好検事総長も、最初は大審院側と同様に旧刑法二九二条説をとっていたのであるが、京都における御前会議の結論によって、ついに命を受けて旧刑法一一六条説に変ってしまったのである。

五　政府の権力による干渉圧迫

千葉大津地方裁判所長の屈服

これよりさき、児島惟謙大審院長は、大津地方裁判所にこの事件を担当せしめて、内閣の権力発動の事前に事件を正しく解決終了にいたらしめようと力《つと》めた。すなわち、千葉大津地方裁判所長の予審着手の報告に対し、「法律の解釈正当なり、よつて至急予審を進行すべ」き旨の回答をした。しかるに十五日、同千葉裁判所長より、予審中止の検事請求のため一件書類を検事に付したという電報が大審院に入った。すなわち千葉大津地方裁判所長は、すでに検事の予審中止の請求に屈してこれに従い、その翌朝三好検事総長を京都に訪ねて、政府の外交政策のために司法権の独立を放棄し、管轄違いの言い渡しをすることを軽々に約諾したのである。一件書類はかくして検事総長の手中に帰することになり、刑法一一六条違反事件として、大審院に移送せられることになった。すなわち、十六日夜帰

大審院に対する干渉いよいよ露骨となる

京の途次、大津地方裁判所に立寄った三好検事総長は、千葉裁判所長に万端の対策を命じて、大津地方裁判所の独立を蹂躙し、これを完全にその掌中に収め得た。司法権の独立は先ず末端においてこのように惨めに侵害を受けたのである。その命令干渉が、山田法相の司法権に対する指示に基づいていることは言うまでもない。大津事件における司法権に対する具体的な干渉の端初であるとせられるゆえんである（大場茂馬『大津事件』参照）。『惟謙日記』は、「十七日三好検事総長ハ一件書類ヲ携ヘテ帰京セリ。内閣ガ皇室ニ対スル犯罪トシテ大審院ニ起訴スルニ決心セシハ明ラカニ判知スルヲ得タルト同時ニ、予ハ又心中大ニ決スル所アリ」（児島惟謙、前掲書、三四ページ）と、そのことについて記している。

司法権独立の前線を撃破した政府は、いよいよ大審院に対する露骨なる干渉を始めることになった。すなわち十八日、松方首相が、児島大審院長を呼んで翻意を迫った。また青木外相が、そのことにつき勅令により該法律の補足をして、不敬

法相に対する惟謙の抗争

罪（旧刑法一一六条）をもって津田三蔵を処断することをロシア公使に約束しているので、もはや食言《しょくげん》するわけには参らない、とも告げた。すなわち、ここにおいて児島惟謙は、事の複雑怪奇なる政府の措置に、しばし茫然《ぼうぜん》として、驚嘆するほかはなかった。何となれば、若しも先方より天皇に対し、右のことにつき質問のあった場合、天皇が同様に回答されることになれば万事休することになるからである。その時には、児島惟謙はただ一死の覚悟をきめることにした。しかも彼は、山田法相に対する対決の姿勢を崩すことなく、毅然として裁判官の独立性と司法権独立の法理を繰返し説明した。また大審院長といえども、事件担当の裁判官に対しては、その裁判の曲法を干渉し得ないことを告げ、更に各国の法制殊にロシアの法制を比較考量しても、刑法一一六条適用は、わが天皇・三后・皇太子の場合に限定すべきものであり、これを誤れば却って諸外国の軽侮を受けて国威を失墜するにいたることを説き、また断じて戒厳令によって処断すべきものではなく、

事件担当七裁判官に対する各個撃破的圧迫

たとえ「右戒厳令ヲ布《し》カル、モ、津田三蔵ノ如キ業已《すで》ニ縛ニ就キタルモノハ、司法裁判ニ付シ通常法律ニ拠ルモノニシテ、更ニ軍人ヲシテ処分セシムベキモノニ非ザルベ」（児島惟謙、前掲書、四二ページ）きことを強調した。そして後刻、この趣旨の意見書を御覧に入れるであろう、と申し添えた。

松方首相は、これに対し、貴見は大審院長の見解として理解できるが、自分は外交の円滑を第一義だと考えると言い、なお担当裁判官の貴見と異った判定に対しては如何かと聞き、児島惟謙は私見を裁判官が採用するか否かはもとより自分の関するところではなく、またこれを左右する権限はないと答え、担当裁判官の名を聞かれるや、堤正巳（裁判長）・土師《はじ》経典《つねのり》・中定勝・安居《やすい》修蔵・井上正一・高野真遜・木下哲三郎の名前を、躊躇《ちゅうちょ》することなく直ちに筆書して手渡した。

かくして政府の戦術は一変して、司法権に対する干渉を直接担当の裁判官に向けて発動することとなり、直ちに担当判事各員に対しての各個射撃を開始した。

すなわち、山田法相・大木文相・陸奥農相が司法省に赴き、堤・中・高野・木下四判事を呼び出して圧迫を加えた。彼らは強硬論者と目されていた安居・井上二判事に対してはこれを放任し、また西郷内相と親交のあった土師判事に対してもこれを放任した。児島惟謙は、これについて『大津事件顚末録』で、「敵ヲ射ルニ先ヅ其ノ馬ヲ射ヨト云フ術数《じゆつすう》ハ、今ヤ残リナク此処ニ施サレントシ、堂々タル法理ノ争ヨリ急転直下シテ陋劣《ろうれつ》ナル手段ヲ以テ法律ヲ犯シ来ラントス。……裁判官ハ内閣ノ奴隷ニアラズ。而シテ強キテ屈従セシメントス。故ニ其手段ハ公明ヲ欠キ其行動ハ卑劣ヲ極ムルナリ」（児島惟謙、同書、四六―四七ページ）、と絶叫している。しかるに、津田三蔵被告事件を大審院の公判に付するための手続はすべて完了し、前示七判事は、同日午後九時五十分の夜行列車に乗じて滋賀県大津市に向った。

政府の司法権に対する干渉の謀略はかくの如くにして成功しつつあるかに見えた。

ここにおいて、しかし児島惟謙は、闘志勃々、事態を放置すれば司法権は必ず地に陥ると考え、挺身これに当る覚悟をきめて、大阪控訴院長事務引継かたがた担当判事と同行西下した。その不当違憲の権力に対決して闘わんとする不撓《ふとう》の意気込と姿勢とを、そこに見ることができよう。彼は、この時の決意を、

感慨胸ニ迫リテハ一刻モ晏如《あんじょ》タル能ハズ。予ハ断乎トシテ行政官ノ内情及ビ区々ノ情誼ヲ排斥シ、挺身以テ此難局ニ当ラン事ヲ決心セリ。若シ此際姑息《こそく》ノ所為ニ因リテ一身ノ安ヲ貪《むさぼ》ランカ、之レ国家ニ不忠不信ナルノミナラズ、憲法史上ノ汚名ハ千載《せんざい》遂ニ拭《ぬぐ》フヲ得ザルニ至ラン。是《ここ》ニ於テ予ハ、大阪控訴院事務引継ノ名義ヲ以テ七判事ト共ニ大津ニ出張シテ為ス所アラント決意シタリ。　（児島惟謙、前掲書、六五ページ）

司法権に対する世論の支持

と言っている。彼に、かくの如き決意を促し、かつ彼を支持した一つの力は、もちろん天下の世論であった、と言って過言ではないであろう。例えば、『郵便報知新

聞』の如きも、五月二十一日の社説に、「司法権の独立」と題して、伊藤博文の『帝国憲法義解』の帝国憲法二十三条および二十四条の正しい解釈（後述）を援用したのちに、「裁判官は宜しく、独立の地位を保つべくして、行政官の頤使《いし》を受け、又は其の牽制に従ふべからず。若し或は畏懼《いく》の心より、或は利達の望みより独立の地位を失て行政官の頤使、牽制に屈し憲法を蹂躙《じゅうりん》するが如きあらば、法権の信用は忽《たちま》ち地に墜ちんとす」、と痛論した。大場茂馬『湖南事件』も、「当時の民間に於ける盛んなる声援が、予《かね》て大に力ありたるは、論を俟《ま》たない」（同、三ページ）と言っている。更に遠山茂樹教授が、「基本的人権を守るものとしての立場、それから対外平等ということを実現していきたいという輿論に励まされたということの中に、やはり児島惟謙の立場の進歩性」（「児島惟謙の功績」『世界』九七号中の発言）がある、と言っているのは、流石に慧眼《けいがん》と言えよう。とにかく、政府の圧迫にもかかわらず、特に

法律学者・法曹および御雇外国人の意見

法律学者および法曹の多くは、挙《こぞ》って起って政府を非難し、児島惟謙大審院長を

支持した。顧問外国人パテルノストロ・レンホルム等の意見もまた同様であり、御雇外国人すべてが普通謀殺罪説をとっていた。

イタリア人パテルノストロの意見

井上伯の命により刑法一一六条適用について斎藤浩躬《ひろみ》が質《ただ》したのに対して、イタリア人パテルノストロは「刑法は……其の首節に内国君主に対する罪を置くは各国普通の例なり、決して外国君主を包含するものと解釈すべからず。……今回の事件に関する刑の適用に付ては司法省に於て、各高等官及び御雇外国人の会議ありて、予は司法大臣の下問に対し、普通殺傷罪の未遂犯を適用すべしと答へ、満場一人の異論者なかりしなり」と答え、更に刑法一三三条の適用可能なりやとの質問に対しても今回の事件に関係なきことを明答している。

ドイツ人レンホルムの意見

またドイツ人レンホルムも、外国皇族に対する犯罪については一般刑法を以て処断すべきものであることを述べ、「政府は国法に従つて充分其の事跡を取調ぶべく、政府は其の国民の一私人の行為に対しては別に責任を有するものに非ず。之に反して若し政府の不注意より犯罪を惹起したる場合に於ては、少くとも謝罪状を呈すべきものとす。……日本政府は其他徳義上及び国際法上の義務として、犯罪捜査の結果に就ては充分の報告をなす可く、其の報告には其犯罪者の犯行を為したる原因をも明示す可きものとす。……」云々というような注意を与えている（『大津事件顚末録』附録「大津事変」五三ページ以下参照）。

児島惟謙の草した「意見書」に対する彼と同郷の後輩たる穂積陳重《のぶしげ》博士の激励と、そして添田寿一（時の松方首相秘書官、のちの日本興業銀行総裁）が、児島惟謙の西下の当日、来訪して彼への期待を訴えた熱情とによって、殊に彼は一層その信念を強めることを得た。

「意見書」の提出

そして、西下の直前に、その「意見書」（この内容については後述する）を、松方首相と山田法相に提出した。児島惟謙は、もちろん天下が彼を支持しなくとも、千万人を相手としてでも正義を貫いたにちがいない、と私は思う。

児島惟謙は、「正午過同郷ノ法学者穂積陳重氏来レリ。予ハ法条ノ解釈及ビ前夜起草セル意見書ヲ示シテ、氏ノ意見ヲ求メタルニ、氏ハ悉ク予ニ同意シテ法理ノ指示スル所、又当《まさ》ニ然ルベシト為シ、更ニ有益ナル諸外国ノ前例ヲ援引シテ此ノ論断ヲ確実ニセリ。予ガ決心ハ此ニ至リテ一段ノ強硬ヲ加ヘ、自己ノ見解ハ法律ノ真精神ニ適《かな》ヘルモノナルヲ確信シ、邁進シテ司法権ノ擁護ニ粉身スルノ責任アルヲ感ジタリ」と言

い、また彼は松方首相を説得し得ずして悶々たりし添田寿一の諤々《がくがく》の激励に答えて、

添田寿一の激励

「予ハ其熱烈ナル愛国ノ至情ヲ喜ブト共ニ、予ガ意見ノ概略ヲ談ジ、而シテ今後ノ結果ハ唯君之レヲ熟視セヨト言ヒ放テバ彼亦欣然トシテ辞シ去レリ」、と述べている（児島惟謙、前掲書、六五—六六ページ）。

穂積陳重博士の感想

のち、穂積陳重博士は、この問題について、次の如くに述べている。曰く「当時は、憲法が実施せられて僅かに一年の時である。憲法には司法権の独立が保障してあり、又た明文を以て臣民の権利を保障して、「日本臣民ハ法律ニ依ルニ非ズシテ逮捕監禁審問処罰ヲ受クルコトナシ」と規定してある。又た刑法第二条には「法律ニ正条ナキ者ハ何等ノ所為ト雖モ之ヲ罰スルコトヲ得ズ」との明文が有るのである。これにも係らず、検事総長は、当局の命令によつて、我皇室に対する罪を以て三蔵の犯行に擬せんとした。加之《しかのみならず》、時の司法大臣及び内務大臣は、自ら大津に出張し、裁判官に面会して親しく説諭を加へんとした。然れども、幸にして当時の大審院長児島惟謙氏が、身命と地位を賭して行政官の威圧を防禦し、裁判官の多数も亦た其職務に忠実にして神聖なる法文の曲解を聴《ゆる》すこと無く、常人律を以て之を論じ、三蔵の行為を謀殺未遂

として無期徒刑に処し、我憲政史上に汚点を残すことを免かれたのであつた。

当時我等法科大学の同僚も意見を具して当局に上申し、皇室に対する罪を以て三蔵の犯罪に擬するの非を論じた。然るに当局及び老政治家等の意見は、三蔵を死刑に処して露国に謝するに非ざれば、国難忽ちに来らん、国家ありての後の法律なり、煦々《くく》たる法文に拘泥して国家の重きを忘るゝは学究の迂論《うろん》なり、宜しく法律を活用して帝国を危急の時に救ふべしと云ふにあつた。副島種臣伯の如きは、流石《さすが》は学者であつたから、余等の論を聴き、天皇三后皇太子云々《うんぬん》を外国の皇族に当つるの不当なることを知り、又た前に草案中の外国に関する個条《かじょう》は悉く削除したることも知り居られたるを以て、慨嘆して「法律若し三蔵を殺すこと能はずんば種臣彼を殺さん」と喚はれたとのことである。我輩は当時之を聞いて、「伯の熱誠は同情に値するものである。三蔵を殺すの罪は、憲法を殺し、刑法を殺す罪よりは軽い」、と云うたことがある。

抑《そもそも》、大津事件に於て斯の如き大困難を生じたのは、是れ全く立法者の不用意に起因するものと云はねばならぬ。はじめ、明治十年に旧刑法の草案成り、元老院内に刑法草案審査局が設けられた時、第一に問題となつた事は、実に草案総則第四条以下外国に関係する規定と、第二編第一章天皇の身体に対する罪との存否であつた。委員会は之を予決問題として其意見を政府に具申した所、十一年二月二十七日に至り、総裁伊藤博文氏は、外国人に対する条規は総べて之を削除すること、又た皇室に対する罪は之を設くることを上奏を経て決定したる旨を宣告した。当時に在つては、宛《あたか》も『新律綱領』制定の当時副島伯が皇室に対する罪を不必要と考へた如くに、外国の主権者又は君家に対する犯行が起るべしとは、夢にも想《おも》ひ到ることはなかつたことであらう。然るに、幸徳事件は、此の時に皇室に対する罪が定められてあつた為めに拠るべき条文があり、大津事件は此時に外国に関する条文が総べて削られてあつたので、拠るべき特別の条規が無く、その為めに外国の皇室に危害を加へたる場合と雖も、常人に対する律を以て之に擬して、無期徒刑に処するの外はなかつたのである。即ち明治十三年発布の刑法には皇室に対する罪が設けられてあつた為めに、幸徳事件には之に適用すべき特別法文があり、外国に関する事が悉く削られてあつた為めに、大津事件には之に適用すべき特別法文がなかつたのである」（穂積陳重『法窓夜話』その中の九「大津事件」二九—三四ページ）。

裁判所構成法五〇条二号・五五条と刑法一一六条

堤裁判長

六　行政権力の司法権圧迫

かくして五月十八日、午後二時、三好検事総長は、内閣の命を受けて、裁判所構成法五〇条二号・五五条および刑法一一六条により、「大審院ノ特別権限ニ属スル事件ニツキ」速やかに便宜上大津地方裁判所判事に、予審判事を命ぜられるよう、児島惟謙大審院長に請求し来った。法律上この請求に応じねばならなくなった児島惟謙は、ここにおいて、大審院に堤判事を裁判長とする該裁判所を開始し、その予審着手の決定により、大津地方裁判所土井庸太郎を予審判事として電話をもって任命した。しかして午後十時、刑法一一六条による津田三蔵の死刑を可とする旨の右予審判事の意見電報が到着した。すなわち、この電報により、被害者が露国の皇太子であって、刑法一一六条を適用すべからざることが明白となった一方、七名の判事中五名が内閣の威迫下に慴伏《しょうふく》すれば、憲法と法律が蹂躙されるにいたることもまた明らかになった。このことを深憂しつつ、児島惟謙は、午後十時三十分、その会議のため七名の裁判官が予審書類を携えて別室に去ったあと、一人院長室に在ってこれを見守るほかはなかった。しかも、翌朝午前二時、堤裁判長によって彼にもたらされた報告は、「本件ハ本院ノ公判ニ付スベキモノト決定ス」というのである。この行政権力の圧迫に屈した大審院決定の不当なることは言うまでもない。すなわち圧迫を受けた四判事が、内閣の威迫下に慴伏して司法権の独立を曲げたことが、かくして明白になったのである。

四判事の権力への屈従と惟謙の感懐

のち、児島惟謙は、

此決定書ヲ得テ予ハ始メテ四判事ガ内閣各大臣ト面晤《めんご》シタル結果ノ大ナリシヲ知レリ。私情ハ彼等ニハ国家ノ生命タル法律ヨリモ重カリキ。而シテ内閣ハ其成功ヲ干渉鋒鋩《ほうぼう》ノ尖頭ニ飾レリ。切言スレバ私情ト陰険トハ公明ト正義トニ第一着ノ勝利ヲ占メタルナリ。予ハ職権上已ムナク之レヲ司法大臣ニ通告シタリト雖モ、如何ニシテ此邪僻ヲ排シ勝利ヲ法律ト正義トニ帰セシムベキカヲ焦心苦慮スルニ至レリ。嗚呼《ああ》内閣ハ稍々《やや》安心シタルベシ。然レドモ法律ト正義トハ益々迫害ノ深淵ニ沈マントスルナリ。日本国民ノ得タル権利義務ト神聖独立ナル司法権ノ安固トハ将ニ内閣ノ干渉ト圧迫、法官ノ薄志ト弱行ニ因リテ破壊セラレントスルナリ。司法権ノ危機ハ一髪ノ細糸ヲ以テ千鈞《きん》ノ巨鼎《きょてい》ヲ繋《つな》ゲルニ似タリ。

(児島惟謙、前掲書、六三ページ)

と、このときの感懐をもらしているが、その時の彼こそは、まさに憂愁沈鬱の極にあったものと言わねばならない。

明けて翌十九日午前八時、右決定に基づいて、山田法相は、「被告津田三蔵事件審判ノ為メ大津地方裁判所ニ於テ大審院ノ法廷ヲ開ク旨告示ス」と、公告した。かくして、西下した児島惟謙は、直ちに判事中の四名とともに、京都御所に参内して、天機を伺い拝謁した。しかして明治天皇は、直ちに彼らに対し、「今般露

「注意シテ処分スベシ」との勅語

惟謙の勝算と干渉排除行為

国皇太子ニ関スル事件ハ国家ノ一大事ナリ、注意シテ処分スベシ」、との勅語を賜わった。すなわち児島惟謙は、この勅語中の「注意シテ」の一語を電気に触れた如くに感得した。そして、「嗚呼《ああ》是レ吾等法官ノ当《まさ》ニ肝胆ヲ粉韲《ふんせい》シテ覚悟スベキノ秋《とき》ニアラズヤ」とする、大磐石に支えられた安堵の思いをした。かくして彼は更に、土方《ひじかた》宮内大臣に「勅語ヲ認《したた》メシ紙片ヲ呈シテ、之レ吾等ノ大事ニシテ裁判日誌ニ謹ンデ記入スベキモノナリ。勅意斯《かく》ノ如シト拝聴セシガ錯覚ナカルベキヤヲ伝伺《でんし》セラレタシト請ヘバ、宮相ハ直チニ天顔ニ咫尺《しせき》シ奉リ、帰リ来リテ相違ナキ旨ヲ伝フ」、と言っている。このように勅語の客観的な駄目押しをして、司法権の独立を守るための工作のきめ手を作っておいたのである。寔《まこと》に周到で適切なる措置であって、その反射神経の確かさを物語るものと言わねばならない。

始めて勝算の確信を得た児島惟謙は、二十五日の公判日を前にして、大津市の竹晴楼《ちくせいろう》に蟠居《ばんきょ》し、政府権力の干渉に圧倒されて慴伏《しょうふく》の状態にあった担当裁判官の説得にとりかかった。それはもちろん干渉排除の権限行為と言うべきものであって、干渉行為ではない。その決意は重大で強く、しかもその実行は極めてデリケートであった。すなわち児島惟謙は、

予ヤ大審院長ノ職ニ在レドモ、本件ニ対シテハ法律上其ノ員外ニ列スルヲ以テ、表面上、此間ニ干渉スルヲ得ズ。唯暗黙ノ間ニ諷《ふう》シテ意見ヲ叩クヲ得ルノミ。然レドモ時日ノ経過ハ人間ノ苦衷《くちゆう》ヲ顧ミズ、公判ノ日ハ刻一刻ノ間ニ迫ラントスルナリ。予ハ国家ノ為メニ決断スル所ナカラザルヲ得ザルナリ。依テ惟《おも》ラク、先ヅ提判事ノ意見ヲ陳ジテ警戒ヲ加ヘ、若シ応ゼザレバ潔《いさぎよ》ク本職ヲ賭シテ国家ニ謝スル外ナシ。（児島惟謙、前掲書、七九―八〇ページ）

として、同二十一日、まず堤裁判長を招いた。しかして堤らが政府の圧迫により て自説を変えた非をさとし、「注意シテ」という勅語に従い、帝国憲法第五十七条に従い、「天皇ノ名ニ於テ法律ニ依リ」、政府権力から独立して裁判をしなけれ

ばならないことを惇々《じゅんじゅん》として説いた。また、さきに松方首相・山田法相に提出した「意見書」の写をこれに与え、その熟慮反省を促し、担当判事の行動如何によっては自分は決するところがあることをも附言して、北畠大阪控訴院長に事務を引継ぐため大阪に去った。すなわち彼は、

予ハ堤判事ヲ激励シテ其ノ良心ヲ喚起セシメント試ミタル後、諸判事ノ室ニ至リテ告別シ、四時発ノ汽車ニテ大阪ニ向ヘリ。堤判事ハ予ヲ停車場ニ送リ、別ニ臨ミ握手スルノ際、落涙潸然《さんぜん》トシテ袖ヲ湿ホセリ。私情ト正義トノ間ニ立チテ苦闘セル彼ガ意中ヲ諒察スレバ真ニ同情ニ堪ヘザルナリ。

（児島惟謙、前掲書、八五ページ）

と、その時の心情を記している。そして、

「独立不羈ノ国家機関」

なお児島惟謙は、堤判事に対して次の如くに説得した。曰く、「苟モ法官ハ憲法ニ保障セラレタル独立不羈《ふき》ノ国家機関タリ。而モ此不羈神聖ナルベキ法官ガ、権門要路又ハ

朋友ノ干渉甘言ニ迷ツテ敢テ卑屈ノ挙動ヲ為シ、職権ヲ辱《はず》カシメテ顧ミザルガ如キコトアラバ、是レ国家百世ノ歴史ニ汚辱《おじよく》ヲ貽《のこ》シ、上天皇陛下ノ御稜威《みいず》ヲ瀆《けが》シ奉ルモノニシテ、不忠トヤ云ハン、不信トヤ云ハン。予ガ公等ノ為ニ恐ルルハ一ニ此処ニアルナリ。公等記憶セルベシ。過日ノ勅語ニハ畏《おそれ》多クモ、国家ノ大事ナリ、注意シテ速カニ処分セヨトアリタルニアラズヤ。此注意ノ二字コソ実ニ勅語ノ主眼タル大精神ニシテ、苟《いやしく》モ看過スベカラザルモノニアラズヤ。公等以テ如何ト為ス。予ハ注意ニ注意ヲ重ヌル程、益々内閣ノ主義ニ賛同スル能ハザルノミナラズ、国家ノ栄辱《えいじよく》ト憲法ノ権威ノ為ニ大ニ反対ノ態度ニ出デザルヲ得ザルナリ。敢テ問フ。公等ハ十八日ニ面晤《めんご》セシ大臣又ハ朋友ヲ欺クカ。抑《そもそも》亦天下国家ヲ欺キテ一身ノ安キヲ貪《むさぼ》ラントスルヤ。今ヤ公等ハ其一ヲ選バザルヲ得ザルノ立脚地ニ在リ。予ヨリ之ヲ見レバ其軽重本末ハ火ヲ睹《み》ルヨリモ明ラカナルモ、而モ公等ノ選ントスルハ孰《いず》レノ途ナルヤ。洵《まこと》ニ国家ノ大事ハ公等ノ一挙一動ニ繫《かか》リテ存スルナリ。請フ熟慮セヨ。」また「……仍《な》ホ別離ニ臨ミテ一言スベキ事アリ。同僚中ニ於テ予ト最モ長キ交情アリシハ実ニ君ナリキ。世ニ所謂《いわゆる》無二ノ友トモ云フベキモノハ君ナリキ。而シテ今此ニ告別スルニ至ル。……君ニシテ幸ニ予ノ言ヲ是認スルアラバ、直チニ通信セラレヨ。予ハ喜ンデ当地ニ来リ君等ノ協議ニ応ズベシ」と言っている（児島惟謙、前掲書八一―八三ページ）。

また竹晴楼の一室で説得をつづける

越えて二十三日、彼は堤裁判長より来津《らいしん》を乞う旨の電報に接し、希望をもって倉皇《そうこう》として大津に赴き、すでに深く反省して大悟せる堤判事と、竹晴楼の一室において会見した。堤判事は、「情誼を顧みず職務の為め国家に一身を捧げん」と誓った。すなわち両者の相談により、児島惟謙は木下判事を呼んで、これを説得することに成功した。木下は旧刑法一一六条の解釈を誤っていたことに思いいたって釈然翻意したと告げた。更に児島惟謙は、すでに井上判事とともに同意見であった安居判事をして、土師判事を説得せしめることにも成功した。かくして、正しい判決のための多数意見をその掌中に獲得することを得たのである。彼は、その歓喜を「於《ここにおいて》レ是、七名中既ニ五名ノ同意ヲ得、事ノ遂ニ成レルヲ見テ欣喜措ク能ハズ。覚ヘズ国家ノ万歳ト法官ノ万歳トヲ唱ヘタリ」（児島惟謙、前掲書、八九ページ）、と言って

「二一六条ヲ以テ処断スル見込ナシ」

いる。まことに時に臨んでの、その巧妙なる権限行為の断行と、その成功であった、と言えよう。

しかも児島惟謙は、このことを秘することを潔《いさぎよ》しとせず、「堂々トシテ大丈夫タルノ態度ヲ持スベキナリ」として、三好検事総長と協議を遂げ、二十四日夜おそく、両者の連名にて山田法相に対し、「二一六条を以て処断する見込なし」、と打電した。この時の感想を、児島惟謙は、

> 内閣ハ定メテ驚愕措《お》ク所ヲ知ラザリシナラン。眼中露国ナル強力者ノ存在ヲ知リテ、憲法ノ存在、国家威信ノ存在ヲ顧慮セザル彼等ナレバナリ。況ンヤ眇《びょう》タル司法官ノ存在ハ彼等ニ採リテハ何等ノ意味ヲモ為サザリシニ於テヲヤ。唯《ただ》一喝シテ左右シ得ベシト為セシニ於テヲヤ。然ルニ此眇タル司法官ハ今ヤ奮然トシテ憲法ノ擁護者ト為《な》リ、堂堂トシテ正理ノ上ニ立テ顕《あらわ》レ来リタルナリ。之レヲ見タル内閣ハ震駭《しんがい》シテ事ノ意外ナルニ度ヲ失セシナルベシ。

（児島惟謙、前掲書、九〇ページ）

と述べている。

児島惟謙院長の電報に接した山田法相は、直ちに各大臣に報告し、検事総長に宛て、裁判長に対し二十五日の公判開廷延期を請求すべき旨の書面提出を打電命令し、また担当七判事は、協議ののち原告官差支えの事由による延期申請を許可するにいたった。

西郷内相と山田法相の西下

かくて山田法相は、西郷内相と相携えて大津に出張した。しかし、すでに内閣は彼らをも含めてその干渉の敗北を意識するほかはなかったのである。

伊東巳代治書翰

伊藤博文に宛てた伊東巳代治書翰が、この間の消息を如実に伝えている。曰く、

（前略）唯今内閣にて山田・西郷両大臣へ面会仕候処、昨日大津発三好、児島等の電音に、裁判官等の前議一変し、現行法の儘にては何分死刑の宣告難二出来一に付、至急閣議を開かれ更に緊急命令を発せられ度との請求申越候処、昨夜同人等より申越候には、緊急命令にても何分穏当ならず、他に変通の道

も差当り考案致兼候に付、罪犯処分の事は一切裁判官の才酌《さいしゃく》に一任せられ度、云々《うんぬん》。大津評議概略一定致候ものと相見へ、三好等も最早抗弁の勢無レ之、前文の電音相発し、容易ならざる形勢に付、昨夜来内閣員中頻に議を凝らせられ候由に御座候。

（中略）両大臣出張の趣意は、裁判の結果如何に拘らず、政府の当《まさ》に尽すべき丈を尽すと云ふの精神に外ならずと申すに有レ之候由に御座候。其事の是非得失は姑《しば》らく差置、不ㇾ取肯ㇾ前文の次第御内報申上度、如レ此《かくのごとく》御座候。尚是より松方を訪ひ、委細の事情相尋可レ申候。匆々不尽《ふじん》。

五月念《ねん》五　　巳代治拝

小田原伯閣下

（『伯爵伊東巳代治』伝参照）

しかも、更に、西郷・山田・児島・三好、四名の滋賀県庁における秘密会談となり、二大臣は、ここを最後と児島大審院長に圧迫を加えた。まず山田法相が口

護憲の立場に立って強し

児島と西郷の激論

を開いて、内閣干渉の進行に対する児島惟謙の阻止を難じた。これに対して、児島惟謙は、内閣主張の如くに津田三蔵を刑法一一六条をもって死刑に処することになれば、まず刑法二条を犯すことになり、また憲法第二十三条と五十七条を侵犯することにもなる、それ故あえて抵抗するものである、旨を答えた。次いで法相は、児島惟謙と同意見の判事の名を聞き、大審院長は裁判の秘密を犯す故明言し得ずとして拒絶した。ここにおいて西郷内相が突如口を挿《さしはさ》んだ。「予ハ元ヨリ法律ヲ知ラズ。然レドモ」、若し津田三蔵を死刑にしないことがあれば、「露国ノ艦隊ハ品川湾頭ニ殺到シ、一発ノ下ニ我帝国ハ微塵《みじん》トナラン。之レ実ニ法律ハ国家ノ平和ヲ保ツモノト云フベカラズシテ国家ヲ破壊スルモノト云フベキナリ」という権力主義者常套《じょうとう》の暴論を繰返すばかりであった。この「破天荒」で「奇抜」で、「其ノ内容ハ恐怖ト杞憂《きゆう》トニ充タサレ、之レヲ包ムニ横暴ナル論理ノ形式ヲ以テセル」干渉に対して、児島惟謙のいっそう鋭い反駁となり、西郷と児島惟謙との

西郷屈して沈黙

間には激論が繰返された。すなわち児島惟謙は、法律が国家の動脈であること、戦争をするか否かは裁判官の関するところではなく、裁判官の眼中唯法律あるのみである、しかるに若し法律を無視することがあれば、却て「露国及ビ列国ノ嘲笑ヲ受ケ、将来云フベカラザル弊害ヲ生ズベ」きことを力説した。そこで西郷内相は、「裁判官ハ勅命ト雖承諾セザルヤ」と反問して、「袞龍《こんりゅう》ノ袖ニ匿《かく》レテ九天《きゅうてん》ヨリ圧倒シ去ラント欲」した。そこで児島惟謙は、「勅命ハ裁判官ヲシテ刑法第百十六条即チ皇室ニ対スル罪ニ依リ処分セシメヨトノコトナリシカ。謹ンデ拝聴セン」と開き直り、西郷は遂に黙するほかはなかった。すなわち、児島惟謙は西郷に対する逆襲に成功し、

西郷従道

「注意シテ」云々《うんぬん》の勅語を切札にして、これを完全に沈黙せしめたのである。次いで、山田法相が代って、それは陛下の勅命ではないが、御希望であろうと拝察すると答え、またこの上は直接七判事に面談して意見を述べたいと希望した。直接彼らに再圧迫を加えようとしたのである。すなわち児島惟謙は、その徒労に終るべきことを告げ、しかも法相の申し入れを、三好検事総長の立合いで判事に伝えるほかはなかった。しかるに、安居判事・堤裁判長がまず面会を非とする意見を述べ、七判事全員挙って、法廷開会中は法官が法相に面会すべきではないとして、法相の要請を一蹴した。児島惟謙は、この顚末をまず検事総長をして法相に伝えしめ、しかる後自ら法相を旅館に訪ねて報告した。すなわち山田法相は、「事茲ニ至リテハ卿等《けいら》裁判官ノ意ニ任ズルノ外ナカルベシ。既ニ東京出発ノ際稍々《やや》決心セリ。……サレド内閣ハ熱心ニ皇室ニ対スル罪ノ適用ヲ主張シツツアレバ、其旨ヲ含ミテ西郷ニハ応接セラレタシト」、苦笑して観念の態度を明らかにするにい

山田法相の諦め

西郷の怒気と罵言

たった。のちに法相・院長の八百長説《やおちょう》が伝えられたのは、あるいはこの辺から来たのかも知れない。ところで児島惟謙は、次いで西郷を別の旅館に訪ねて同様に報告した。西郷は酒気と怒気にまかせて、法相に面会を拒絶した裁判官を罵り、かつ不穏当なる言辞を列ねて怒号をつづけた。児島惟謙は、行政官の場合と異なり、裁判官が服従すべきものは唯法律のみであるとの事理を繰り返し説いて答えたが、理窟を解し得ない、秋霜荒野《しゅうそうこうや》の如き心境にあった西郷にわかるはずはなかった。われわれは、平素は「満座春を生ず」と言われた西郷従道《つぐみち》が、その兄南洲大西郷と全く器量を異にせる人物であることを、この危局において示したことを知るのである。

『西郷南洲遺訓』十七条には、「正道を踏み国を以て斃《たお》るゝの精神無くば、外国交際は全かる可からず。彼の強大に畏縮し、円滑を主として、曲げて彼の意に順従する時は、軽侮を招き、好親却て破れ終《つい》に彼の制を受るに至らん」、と言っているのである。

七　公判と司法権の独立

公判

公判は、二十七日正午に開廷され、代言人・新聞記者・一般傍聴人が雲集したので、「安寧秩序ヲ害スル虞《おそれ》アリト認」めるという理由で、裁判の公開を禁止し、高等官三十名・代言人十五名を限定して傍聴を許した。児島惟謙もまた傍聴者の一人として法廷に現われたが、西郷・山田の二相は遂に姿を見せなかった。

立会検事は、三好退蔵検事総長と川目享一大審院検事であった。頭に繃帯をした被告津田三蔵は、看護人に保護されつつ着席した。弁護人谷沢龍蔵・中山勘三また出廷して弁護人の席に着いた。

谷沢弁護人の公訴に対する反駁

三好検事総長が、まず公訴事実を陳述し、次いで谷沢弁護人が反対の弁論をした。弁論は、被告の行為を刑法一一六条に該当するとする公訴を反駁し、本件をこの条規をもって当公廷で処断することを得ないとして、当然のことながら、管轄違いを申し立てた。これに対し、堤裁判長は、すでに当法廷での審判が決定せられている以上、申し立ては成り立たないと答えて裁判に入ることを告げ、被告に対し訊問を開始した。すなわち被告は犯罪事実を認め、愛国の動機に出たものであるが、決意の自殺もできなくなり、国家に迷惑を掛けるようになったことを詫び、最後にロシアに媚びず日本の法律により御処分を願いたい、と陳述した。次いで裁判長は、法律適用の弁論に入ることを宣し、まず検事の意見を聞き、検事は刑法一一六条論によって死刑を求刑した。すなわち三好検事総長は次の如くに論告した。曰く、

三好検事総長の論告

本邦人ニシテ外国ノ君主皇族ニ対シ危害ヲ加エントシタル所為アランカ、其ノ害ノ及ブトコロ、……国際上ニ重大ナ関係ヲ及ボシ、従ツテ我国ノ安寧ヲ傷《そこな》フノ結果ヲ生ズルコト、普通殺人罪ノ比ニ非ザルナリ、本邦人ガ我君主

皇室ニ対シ罪ヲ犯シタルトキト、外国ノ皇室ニ対シテ罪ヲ犯シタルトキトニ於テ、我国家ノ受ケタル危害ニ於テ軒輊《けんてつ》アルナシ。彼此ノ間其処罰方ヲ区別スルノ理由ヲ発見セズ。刑法第百十六条ノ天皇、三后、皇太子トアルハ我皇室ノミナラズ、広ク外国ノ天皇、三后、皇太子ヲモ包含スルト解釈セザルヲ得ズ。況ンヤ刑法草案ヲ定ムルニ当リ、天皇、三后、皇太子ノ上ニ日本ノ文字ヲ冠セラレタルニ拘ラズ、立法者ノ文字ヲ削除シタルハ、外国ノ君主皇族ニ対スル犯罪ニモ及ボサントスルノ意思ナリシコトヲ推知シ得ラルルニ於テヲヤ。云々

(『大津事件顚末録』一二五—一二六ページ参照)

谷沢・中山両弁護人の再弁論

谷沢・中山二弁護人は、このような詭弁の論告を反駁して直ちに一一六条論を斥け、日本臣民に対する刑の適用については帝国憲法第二十三条(「日本臣民ハ法律ニ依ルニ非ズシテ逮捕監禁審問処罰ヲ受クルコトナシ」)・刑法二条(「法律ニ正条ナキモノハ何等ノ所為ト雖モ之ヲ罰スルコトヲ得ズ」)によるべきこと、および刑法一一六

条草案に日本の文字のあったゆえんは、すなわち刑法一一六条の趣旨なることを論じ、本件が刑法二九三条の未遂にして、一一二条によりて処断すべきものであることを弁じ、然らずんば共和国と君主国とを差別するの不都合を生ずると論じ、以て公明なる判決を要求した。

弁論終結して、いったん閉廷。午後六時宣告書作成を俟って再開し、公開の上、刑法一一六条によらない判決を宣告した。すなわちその結論は、「之ヲ法律ニ照スニ其所為ハ謀殺未遂ノ犯罪ニシテ、刑法第二百九十二条第百十二条第百十三条第一項ニ依リ、被告三蔵ヲ無期徒刑ニ処スルモノ也。犯罪ノ用ニ供シタル刀ハ滋賀県庁ニ還付ス」、とするものであった。すなわち、傍聴人は帝国万歳を叫び、廷外の群衆もまたこれに呼応して万歳を唱え、この判決を支持した。のちの大審院判事で『湖南事件』の著者尾佐竹猛氏は、「嗚呼《ああ》是れ万古不磨の大判決である。殆んど一髪に繋がれしが如き司法権の独立は、爰《ここ》に磐石の重きを為したものであ

刑法二九二条と一一二条・一一三条

る」、と言っている。

刑法二九二条「予メ謀テ人ヲ殺シタル者ハ謀殺ノ罪ト為シ死刑ニ処ス。」

刑法一一二条「罪ヲ犯サントシテ已《すで》ニ其事ヲ行フト雖モ、犯人意外ノ障礙《しようがい》若クハ舛錯《しようさく》ニ因リ未ダ遂ゲザル時ハ、已ニ遂ゲタル者ノ刑ニ一等又ハ二等ヲ減ズ。」

刑法一一三条一項「重罪ヲ犯サントシテ未ダ遂ゲザル者ハ前条ノ例ニ照シテ処断ス。」

この正しい判決が、日本国民の心に司法権に対する信頼感を植えつけたことは言うまでもない。『東京日日新聞』『郵便報知新聞』『大阪朝日新聞』『大阪毎日新聞』など当時の諸新聞の多くも、この判決の妥当であることを確認している。福沢諭吉もこれを「正当の処分」だとした（『続福沢全集』第三巻、一八三ページ）。いわゆる「司法権の独立は九鼎大呂《きゆうていたいりよ》より重きをなしたのである」（尾佐竹猛『湖南事件』の結語）。のみならず、外国における日本国の評価をも高からしめることに役立った。それは正義の勝利であり、正義を勝利せしめるために不屈の努力をささげた児島惟謙に、当然の栄光と名誉とをもたらすものであった。児島惟謙にとって、それは快心の成果であり、また

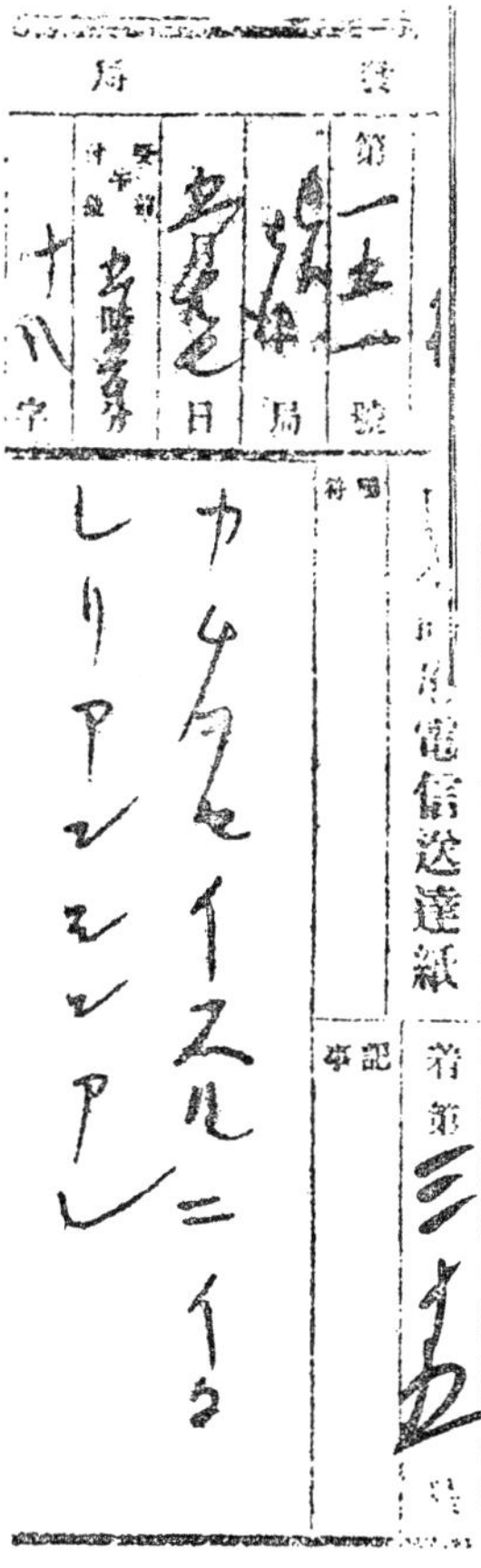

電信送達紙

號	局	日	受付 時 分	字
第一五一				十八

カムクモイスルニイタレリアンシンアレ

着第三五

大津事件判決の際の児島の電報と穂積陳重

「カチヲセイスルニイタレリアンシンアレ」

その日こそは彼の最良の日であった。まことにその得意や想うべしである。すなわち児島惟謙は、穂積陳重《のぶしげ》に対して「カチヲセイスルニイタレリアンシンアレ」と打電した。この電文中にその喜悦の心情が如実ににじみ出ているではないか。また穂積陳重は、この電報を東大の同僚教授に示して、司法権の維持せられしを祝したと言われている。児島惟謙は、またのちに、「今ヤ大審院ハ社会ノ想像ニ反シテ、内閣ヨリ独立シテ遂ニ此ノ栄誉アル判決ヲ下セシナリ。吾人実ニ国家ノ為メニ欣喜勇躍ニ堪ヘザルナリ」、と述べている(児島惟謙、前掲書一四一ページ)。

これに引きかえ、児島惟謙の報告を受けた山田法相は、覚悟はしていたものの、落胆甚だしきものがあった。彼はまた西郷内相にも報告したが、西郷は戦争の必至を恐れるものの如くに悄然《しょうぜん》自失、裁判官亡国の幻影におびえて頗る激昂し、裁判官非難の言葉を投げつけて憤懣《ふんまん》を露骨に示した。法理と道理を確信して、戦争には絶対になり得ないという確乎とした見透しをもっている児島惟謙は、この無

駅頭における西郷の棄て科白

知の西郷を憐れみながら、論争の無益を思い、ただ法理の止むを得ないことを告げ、戦争になるか、否かは内閣の方寸《ほうすん》にある、しかし万一戦争になることがあれば、司法官も一隊を出して参加しましょう、そのときには法律を持ち出しませんよ、と放言して席を蹴った。いよいよ怒りに燃える西郷内相は、泥酔して鬱をやり、山田法相とともにその夜十二時の列車に乗って帰京の途についたが、その車窓でこれを見送った児島惟謙を罵倒し、「児島サン耳アリマスカ」と叫び、また「私ハ踏ミ出シテ負ケテ帰リタルコトハアリマセン。今度始メテ負ケテ帰リマス。コノ結果ヲ御覧ナサイ」、と叫んだ。それは畢竟敗者の負け惜しみの棄て科白《せりふ》にすぎないが、児島惟謙もまたこの暴言に怒って、「腕力ト鉄砲デハ法律ノ戦争ニハ勝テマセン。此結果ヲ見ヨトハ何ノ事デスカ。場所柄ヲモ顧ミズ国務大臣ノ口ニスベキコトデスカ」、と応答して車窓に迫った。法相・検事総長これをなだめる一幕をあとに、西郷を乗せた汽車はやがて汽笛一声馬場駅を離れた。

栄光に輝く勝利者児島惟謙は、しかし今後つづくであろう内閣からの攻撃をも十分に覚悟し、翌二十八日東京に帰る七判事に対して、「唯法律ノ範囲ヲ守リ」、呉々も短気を起すことなきよう注意し、進退を共にしようと誓って別れを告げて大阪に赴いた。すなわち北畠控訴院長への事務の引継ぎを続けながら、徐《おもむ》ろに帰京の時機を考慮したのである。

判決に対する非難

しかるに、その翌五月二十九日、西郷内相・青木外相・山田法相の三大臣は、大津事件の責任を負うて退官した。そして松方（兼摂）・榎本武揚・田中不二麿がその後任に任命されたが、内閣の中には、例えば貴族院議員の有志（その中には、東久世通禧・谷干城・海江田信義・富田鉄之助・西村茂樹らの国家主義・官僚主義者の名前が見出される）、その他の反対者とともに、なお大津事件判決の不当を鳴らして司法官を攻撃し、また違勅の責をもって再審に付すべしと主張し、松方首相にプレッシュアーを加え、裁判の結果いたしかたなしと答えられると、上奏に及ぶものさえあった。また、大審院が特別権限の手続のままで自判したことについては、法律専門的な立場での政府側からの非難もあった。『立憲自由新聞』(中江兆民・大井憲太郎)の如きも、そのような趣旨の社説(二十九日)を掲げた。そして、この手続上の非難を正しいとする意見が今日にも存在している。

家永教授の判決批評

大審院の自判を当時の行政官僚らの非難にならい、同様に非難をする家永三郎教授は、次のように言う。曰く、「大審院がその特別権限に属しないと認めながら、管轄裁判所に移送することなく、自判して裁判を確定したのは、明らかに違法の裁判と言わなければならない。たとい行政府の干渉をしりぞけたにしても違法の裁判で局を結んでいる以上、これを司法権独立の確保として賞讃するのは如何であろうか。ただし、予審をめぐる大津地方裁判所の態度が前記のような次第であったのだから、大津地裁に移送すれば、ふたたび行政府の干渉によって困難を生ずるのを慮《おもんぱか》り、大審院の手で確定してしまおうとする配慮があったのかもしれないけれども、大審院がその特別権限に属する事件でないことを決定すれば、裁判所構成法第四十八条の規定によりその判断は下級裁判所を羈束《きそく》し、もはや何人によっても動かすことができなくなるのであるから、そこで心配せずに法の規定を正しく守って下級裁に移送すべきだったのである。大審院の違法な裁判については、児島の行動の場合のようにその違法性を阻却する事由は発見されない。もっとも、この点について、判例学説は卑見とちがっている」（家永『司法権独立の歴史的考察』七一ページ）。しかし判例学説が正しく、家永意見は末節の点で一理があるが、本質を見誤っているものであり、また「刑事訴訟法四八三条」に対する無理解を示すものである。すなわち教授が、裁判所構成法四十八条の規定を云々される点は、そのとおりであるが、それだけが唯だ一つの手続ではない。そうして教授は、当時の政府権力の無知・野蛮の圧迫と、すでにこの権力に最初から屈していた大津地裁の裁判官の無気力とを、余りにも甘く見ている感が深い。

大審院の自判は、もちろん大審院での特別裁判がきめられた以上必ずしも不当とは言い得ない。すなわち大審院は性質上特別裁判所ではなく、最上級裁判所であって、下級裁判所の管轄に属する事件の裁判を可能とするのみならず、争点に関連のある以上、いっそう然りと言えよう。ただ不当は、大審院での裁判をきめたことそのことにある。そのかぎりにおいて大審院の事件担当判事は、一時的に

ロシアにおける判決の好評

「裁判官は無鉄砲」

は確かに内閣の権力に屈したのであり、その点責められてよい。従って、児島惟謙は大審院の担当判事がひとたびは屈したその司法権の独立を回復することに、努力奮闘の結果成功した。彼が「多少法律思想アルモノハ皆此ノ判決ヲ賞讃シテ、司法官ノ断然タル行動ニ賛成シ、国民ノ多数モ亦《また》該裁判ヲ正当ナリト認識」した（児島惟謙、前掲書一四八ページ）、と言っているゆえんである。更にまた、六月三日にいたり、ロシアにおいても、判決の好評であることが、西公使よりの報告によって判明し、司法官に対する非難の声はようやく収まるにいたった。かくして児島惟謙は、田中不二麿新法相の上京命令に接し、六月八日大阪を引き上げて東京に帰任した。そして土方《ひじかた》宮相を通して、例の「意見書」を明治天皇に奉呈し、また各方面に報告かたがた挨拶回りをした。誰もよい顔をしなかったが、『帝国憲法義解』の著者でもあった伊藤博文はその時、「裁判官は無鉄砲だが、今度は幸いに大当りだった」とおおらかに告白し、児島惟謙も苦笑して辞去したのである。

伊藤博文の『帝国憲法義解』には、司法に関する帝国憲法第五十七条の解釈として、「司法ハ権利ノ侵害ニ対シ法律ノ規準ニ依リ之ヲ判断スル者ナリ」と言い、「君主ハ裁判官ヲ任命シ裁判所ハ君主ノ名義ヲ以テ裁判ヲ宣告スルニ拘ラズ、君主自ラ裁判ヲ施行セズ。不羈《ふき》ノ裁判所ヲシテ、専ラ法律ニ依遵シ行政威権ノ外ニ之ヲ施行セシム。是ヲ司法権ノ独立トス」、と説いている。また同じく第五十八条の解釈として、「裁判ノ公正ヲ保タムト欲セバ、裁判官ヲシテ威権ノ干渉ヲ離レ不羈ノ地ニ立チ、勢威ノ得失ト政論ノ冷熱ヲ以テ牽束《けんそく》ヲ受ルコトナカラシムベシ」と言い、「此レ憲法ニ於テ特ニ裁判官ノ独立ヲ保明スル所ナリ」と説いている。

大津事件はこのように落着して、十一日より、彼の大審院長の職務が平穏裡につづけられることになった（すでに獄中で健康を害していた津田三蔵は、その年の九月三十日、北海道空知郡集治監において病死した。）。この裁判により、政府の行政権力が裁判に対して直接に圧迫を加えるような弊風がその後を絶つにいたり、裁判官に自信を与えるにいたったことも、大きな効果と言うことができよう。

第五　児島惟謙と教育事業

一　新島襄の同志社大学設立運動に対する援助

新島襄

児島惟謙が、大阪在任中、大阪の控訴院長の時代に、二つの教育事業に関係をもったことについては、さきに触れたところである。すなわち、その一つは、彼が、新島襄《じよう》の同志社大学設立運動に力を添えたことであり、その二は関西大学の創立に参画したことである。新島襄と児島惟謙との関係は、しかし一般には知られていない。

同志社大学設立運動

当時、新島襄は、同志社英学校を明治八年に創立以来の念願であった同志社大学の設立運動に、挺身していたのであるが、明治二十一年（一八八八）十一月に、「同志社大学設立之旨意」と題する私立大学設置必要論を天下に発表しており、その以前にも数回にわたって同種の文書を公表している（拙著『学問と大学』等参照）。おそらく、児島惟謙は、この趣意書等に展開されている人間尊重の精神と、自由主義的良心至上主義に深く共鳴したのに

新島　襄

ちがいない。すなわち彼は、新島のために、大阪方面における寄付金応募の勧誘に頗《すこぶ》るつくすところがあっただけでなく、彼の甥の緒方徳一郎と長男正一郎の教育を新島に托して、同志社英学校におくっているのである。正一郎はのち、新島襄の死（明治二十三年一月二十三日）後、児島惟謙の大審院長昇進による東京移転に伴って、東京高等商業学校に転学し、そこを卒業して外交官になり、中国北部で戦死した。

緒方徳一郎と長男の正一郎

「一国を維持するは二三英雄の力に非ず」

新島の「同志社大学設立之旨意」は、次の如き文章をもって、結ばれている。曰く、「一国を維持するは、決して二三英雄の力に非ず、実に一国を組織する教養あり、智識あり、品行ある人民の力に拠らざる可からず。是等の人民は一国の良心とも謂《い》ふべき人々なり。而して吾人は、即ち此の一国の良心とも謂ふ可き人々を養成せんと欲す。吾人が目的とする所実に斯くの如し。諺《ことわざ》に曰く、一年の計は穀を植ゆるに在り、十年の謀《はかり》ごとは木を植ゆるに在り、百年の謀ごとは人を植ゆるに在りと。蓋し我が大学設立の如きは、実に一国百年の大計よりして止む可からざる事業なり。今や二十三年も既に近きに迫まり、我邦に於ては、未曾有《みぞう》の国会を開き、我が人民に於ては、未曽有の政権を分配せらる、是れ実に我邦不朽の盛事なり。而して苟《いやしく》も立憲政体を百年に維持せんと欲せば、決して区々たる法律制度の上にのみ依頼すべき者に非ず、其人民が立憲政体の下に生活し得る資格を養成せざる可らず。而して立憲政体を維持するは、智識あり、品行あり、自ら立ち、自ら治むるの人民たらざれば能はず。果して然らば今日に於て、此の大学を設立するは、実に国家百年の大計に非ざるなきを得んや。吾人の宿志実に斯くの如し。其の志す所を以て之れを我身に顧れば、恰《あたか》も斧《おの》を磨《ま》して針を造るの事に類する者なきに非ず。余の如きは実に微力にして学浅く、我が国家の為めに力を竭《つく》すと公言するも、内聊《いささ》か愧《はず》る所無きに非ず。然れども二十年の宿志は黙して止む可きに非ず、我邦の時務は黙して止む可きに非ず、又た知己朋友の翼賛は黙して止むべきに非ず。故に今日の時務と境遇とに励まされ、一身の不肖をも打忘れ、余が畢生《ひっせい》の心願たる、此の一大事業たる、大学設立の為めに、一身を挙げて当らんとす。願くば皇天《こうてん》吾人が志を好《よみ》し、願くば世上の君子吾人が志を助け、吾人が志を成就するを得せしめよ。」

明治二十二年十月二十六日、新島は児島惟謙にあてて、次のような手紙を出している。曰く、「秋冷相催ふし候際、益々御多祥欣賀奉り候。陳《のぶれ》ばその後小生よりは甚だ御無音に打ち過ぎ候条、御海容賜はるべく候。過般令息正一郎君御入校の時、令夫人には態々《わざわざ》御来訪下され、又御土産頂戴仕り、有り難く万謝奉り候。又かねて御高配を労し奉り候大学の件に付き、相替らず御配慮下され候趣き承知仕り、御陰を以て、久原（久原庄三郎）・藤田鹿次郎氏の両人より壱千円差出し呉れ候より、甚だ恐入り候へ共、此上は鴻之池（鴻池善二郎）の寄附御工夫下され度く呉々も切望奉り候。小生事も当秋は関東にて一運動仕るべく計画にこれ有り候処、条約改正の騒動、大隈伯の遭難（十月十八日）、内閣の変動（黒田内閣辞職）等により、暫時は着手も控へ居り候へ共、一両日中には新内閣（臨時三条実美、のち山県有朋組閣）も相定まり申すべく、随つて人気も落付き申すべく候間、来月一杯は関東に着手の心得に罷り在り、郷里なる上州並に福島地方へも出張の心組に御座候。近頃大阪の金融は面白からざるやに承はり及び候へ共、金森氏（金森通倫《みちとも》）度々出張の手筈に仕り置き候間、諸事宜しく御差図下され度く希《ねが》ひ奉り候。御存知の私共、兎角世事に迂遠にこれ有り候間、運動の方法等、尚ほ此上も御遠慮無く御教示下され度く仰ぎ奉り候。右願用旁々近来の御無音を謝し奉り度く、此の如くに候なり。敬白。

十月二十六日　　　　新島　襄

児島控訴院長

閣下

憚りながら高島中将、西村知事、遠藤造幣局長等の諸高官に御面会の節は、宜しく御鳳声下され度く仰ぎ奉り候。又殊に夫人へ宜しく仰せ上げ下され度く希ひ奉り候。近

「時危思偉人」

頃国家の実況を見、時危ふして偉人を思ふの句を、いたく感じ、時々吟誦仕り居り候。」

新島の『募金日誌』

新島襄の『募金日誌』によると、

明治二十二年二月二十一日、神戸にて児島控訴院長に面会す。……同志社のことを依頼す。同三月十四日、児島惟謙氏より来状あり、来る二十一日を期し、同氏の邸内に、集会を可レ開通知ありたり。……

同三月十五日、児島惟謙氏より来状あり。大阪の集会を二十一日と定めたれども、建野知事に何んぞ差合のあるを以て、二十五日迄延引せしめたるを通知し来れり。

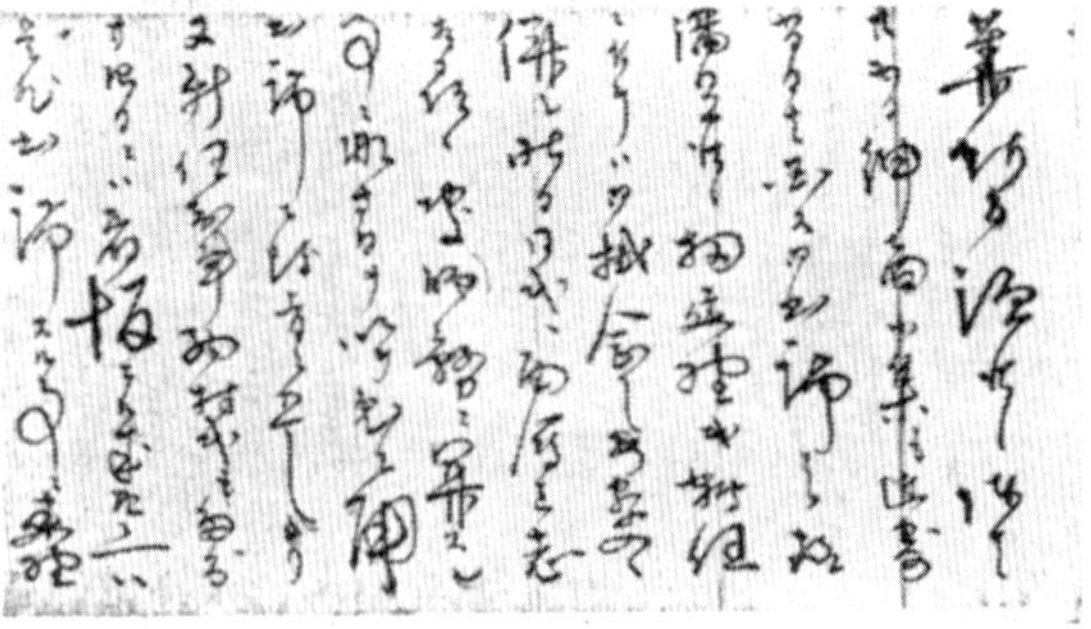

の書翰

越えて三月二十二日の児島惟謙の返信は左の如き内容のものであった。曰く、

華帖《かじょう》拝読仕候。陳者《のぶれば》、廿五日紳商小集も近寄当日は必ズ御出席之趣、満足仕候。扨建野氏転任ニ付テハ、御掛念《けねん》之段察入候。併シ昨日同氏へ面会主志相尋候処、職務ニ関スル事ニ非ざるヲ以テ、兎ニ角出席可レ致旨ニ相定タリ。又新任知事西村氏も多分廿四日ニハ着阪可ニ相成一、左《さ》候へバ是非出席スル事ニ建野より可レ談答ニ致置タリ。而して当日来賓ニ対し、乍《ら》ニ不省(肖)一銘々よりも一言以テ勧告可レ致見込ニ御坐候。其他不日拝眉在ニ寛語一。右貴酬《きしゅう》迄、匆々頓首。

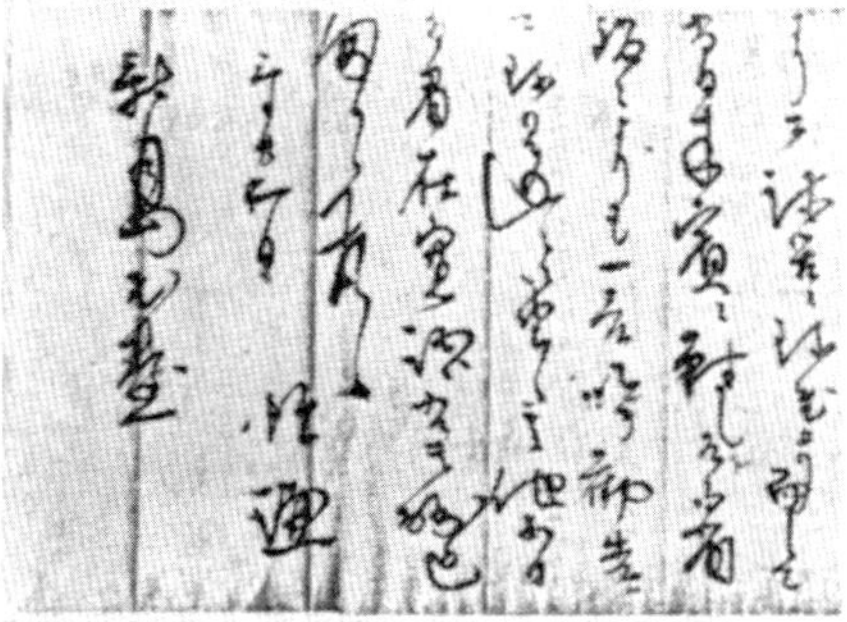

児島惟謙

三月廿二日

新島老台

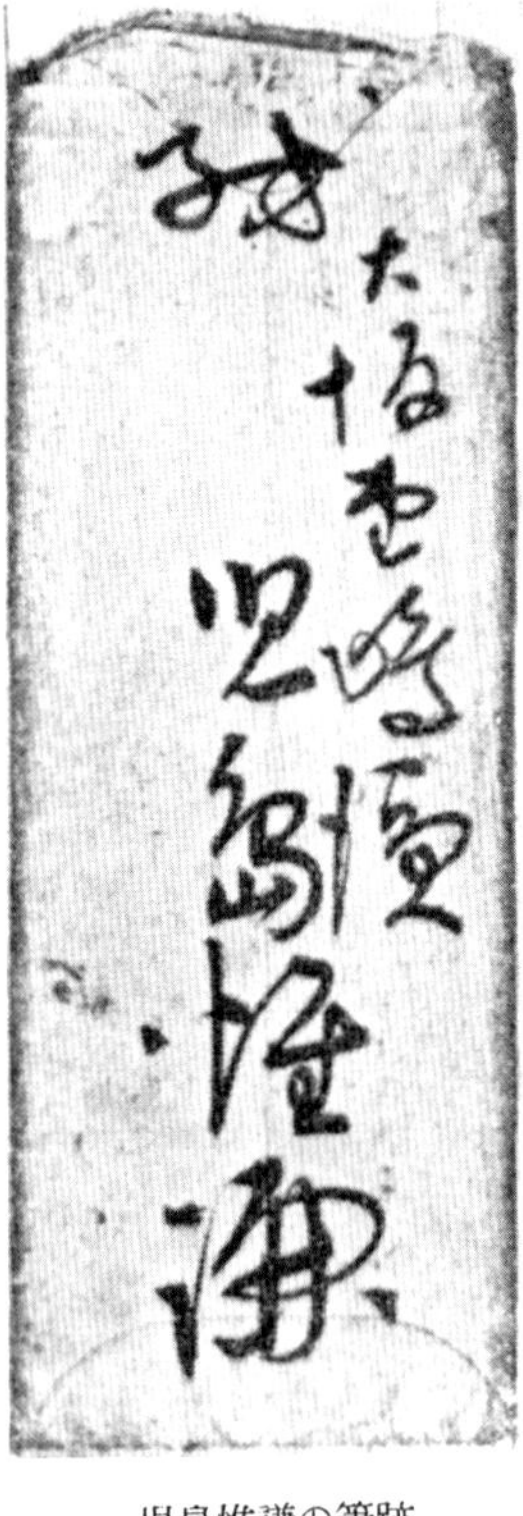

児島惟謙の筆跡

同七月二十三日、下阪之上、直に児島控訴院長を訪ふ。又続きて高島中将を訪ひ午後に至る。此日児島氏発意に随ひ、高島・西村・遠藤・大塚・佐藤幷児島の諸官を招き、難波橋のナダマン楼に於て、晩餐を呈し、直に寄附金額を定むることに着手すべしとの事にて、速に奔走し、面晤《めんご》の上招きたれば、尽く之に応ぜられたり。
同七月二十四日、夕方六時ナダマン楼上に会す。来会者は高島中将(二百円)、児島控訴院長(三百円)、西村知事(二百円)、遠藤造幣局長(一百円)、犬塚検事長(一百円)、佐藤書記官(五十円)。
同七月二十六日、児島氏を訪ひ、先夜の労を謝す。

と言うことになっている。

また児島惟謙より新島襄宛ての八月十三日付書翰には、

……昨日御下阪の趣、炎暑別而《べっして》御苦労奉レ察候。過日土居(通夫)より別紙差越、当日長崎へ向出張致候。御参考迄ニ差上申候。尤同氏帰阪之上ハ、今一度懇談可レ致、然し仮令《たとい》草間貞二郎より、如何様申出候とも、名簿記入之義ハ御見合セ置被レ下度候。尚いさゐは在ニ拝眉一。匆々敬具。

とある。

かくの如く、児島惟謙が、新島襄の大阪における大学募金のために如何にその中心となって尽力したか、およびその場合にも如何にけじめを明確にしていたかということが、髣髴《ほうふつ》として眼前に浮んでくるのである。

二　関西法律学校（関西大学）の始祖として

関西法律学校の始祖

関西大学第十一代学長岩崎卯一博士は、「関大の始祖、児島惟謙先生」と言い、また「児島先生は、まさに関大の初代学長である」、と言っている（『関西大学学報』一二二六号参照）。しかし、関大の前身である関西法律学校の初代校長は小倉久（検事）であって、児島惟謙ではない。そして、創立者代表は渋川忠二郎（法学者・代言人）ということになっている。

また、児島惟謙は、その法律学校の講師であったのでもない。彼はただ、同校の名誉校員として、創立に深い関係をもったのであるが、関西大学では、児島精

惟謙祭

神を関大立学の精神であるとして、このごろでは毎年秋に、児島惟謙祭が行われている。このような児島惟謙尊崇の学園的空気は、次の文章によっても知ることができる。例えば、「われら関西大学の後身は、母校の始祖児島惟謙先生より何を学びとらんとするか。それは関西大学学風の根幹たる〝正義の権力よりの守護〟である」（前掲書による）、と言った提唱がある。権力主義に対するそのような抵抗の学風は全く正しい、と言えよう。

渋川忠二郎

関西法律学校は、その前身は、法学舎と呼ばれた学塾であるが、法学舎は、明治十五年（一八八二）に、渋川忠二郎を舎主として開業されたものである。この法学舎を吸収し、これを母体として関西法律学校が創立されたものである。すなわち、フランス法学者であり、代言人でもあった渋川が、大阪控訴裁判所関係の判事・検事とともに法学舎をつくったのであるが、これら判・検事講師の転勤のために不振となってしまったため、小倉久・井上操らに相談して、ちょうど大阪控訴院長に赴任して来た児島惟謙に、その部内の判・検事を講師に招聘することを懇請し、その結果、児島惟謙は講師派遣を承諾することになり、これを契機に法学舎を発展的に解消して、関西法律学校の誕生を見るにいたったのである。

すなわち、「(児島)氏は、君(渋川)の要請するところは私利私欲を計るに非ずして、国家須要《すうよう》の人材を涵養せんとする育英の目的に外ならざるを認識し、快《こころよ》く其希望を容れ、適当なる法官数名を無報酬にて派遣することを承諾せられたり。茲に於てか首唱したる法律学校は関西法律学校の名に於て創立せられ、同年十二月授業を開始せり。乃《すなわ》ち従来大阪法学舎に充用せる君の住宅を以て校舎とし、同舎の旧学徒数十名も新校に移されたり。校舎は後東区淡路町一丁目に転じ、更に北区河内町に移る」(『渋川忠二郎伝』)と、記述されている如く、児島惟謙は関西法律学校創立に参画した重要なる一人であること、および渋川がその中心人物であったことが明白である。この年というのは明治十九年である。『関西大学七十年史』の

大雲院法学塾

記述によれば、この関西法律学校は、当時大阪および京都の諸所に設けられていた法学塾や法曹家の私塾を集成したものにほかならない（同書、一一ページ参照）。もっとも代言人山崎恵純の主宰した京都の大雲院法学塾は、のちに京都法学校となった。さらにそれが今日の立命館大学に発展したのだと言われている。

『関西大学七十年史』は、また次のように述べている。曰く、「当時の大阪控訴院長は名判官の誉れ高かった児島惟謙であり、これら新任の司法官たちのかねて尊敬する人物であった。また、始審裁判所の判事鶴見守義・同志《し》方《かた》鍛《たん》・検事手塚太郎の三人はいずれも、明治十七年七月、司法省法学校新卒業の法律学士、いわゆる八年生であったから、井上・小倉にとっては同窓の後輩であった。……関西法律学校創立の相談が、六人の若い司法官たちによって順調にまとめ上げられる条件は全く備わっていた。或は児島院長の提案であったかも知れない。ともあれ、関西最初の新しい法律学校創設の議は成立した」（同書、一四ページ）。これは、『渋川忠二郎伝』と、すこしく異なった側面の記述と言えよう。

さもあれ、明治十九年十月十三日、『大阪朝日新聞』紙上に掲載され、また他紙にも掲載された同校の「法学生徒募集」は、次の如き内容のものであった。

講師	ボアソナード先生門人	従六位	堀田正忠君
講師	法律学士	従六位	小倉　久君
講師	法律学士	従六位	井上　操君
講師	法律学士	従六位	手塚太郎君
講師	法律学士		鶴見守義君
講師	法律学士		志方　鍛君
名誉校員	大阪控訴院長	正五位	児島惟謙君
	大阪始審裁判長	正六位	大島貞敏君
		従五位	土居通夫君

事務員	校長	小倉久
	学監	鶴見守義
	校主	吉田一士
	幹事	野村祐亮

右の広告中、講師には「君」づけをしながら、校長等事務関係者の名前に「君」づけをしていないのは、おそらく講師がすべて無報酬の奉仕であったことに対して示している敬意の表われではなかろうかとも考えられる。また、渋川忠二郎の名前の見当らないことが、不思議に思えるのであるが、児島惟謙が名誉校員として、校長以上に、重きを加えていることは、官主民従の当時の世相を反映して、明瞭と言えよう。

なお、『関西大学七十年史』は、関西法律学校のこれらの関係者が、江藤新平とボアソナードに密接な関係のあったことを力説している。すなわちそれは、彼

関大の学問的系統

らの多くが、司法卿江藤新平によって創始された司法省明法寮におけるボアソナードの法学教育を受けており、そしてボアソナードは常に、その学生に、「法学の普及」を力説していたことを特筆しているのである。江藤新平と同郷の楠田英世の口添えで司法省入りをした児島惟謙もまた、やがて江藤新平に矚目《しよくもく》されて、その薫陶を受けたものであることについては、すでに述べたところであるが、関西大学の学問的系統の何たるかが、これによっても明らかであろう。

従って、右『関西大学七十年史』が、関西法律学校「創業の精神は、江藤司法卿の理想の実現であり、ボアソナードの念願の顕示であった。換言すれば、司法権の独立と、人権の確立を通して、全き近代化を企図する精神である。それは単なる法律教育ではなく、広い見透しと使命的な熱情によって裏付けられた法曹家教育であった」と説き、「この創立者たちの献身的な教育を可能ならしめた児島惟謙の理解ある協力も忘れてはならぬ。若し控訴院長たる児島惟謙が承諾を与えなかったならば、たとえ勤務時間外とはいえ、部下の司法官が私立学校に出講することはできなかったであろう。彼は快くこれに承諾を与えたばかりでなく、自ら進んで本省の許可を得るために斡旋の労を取った。さらに開校後は財政面に至るまで監督の任に当り、後述の講師報酬問題については、適切な助言と行届いた指導を惜しまなかったのである」(同書、二〇ページ)と言い、同じく宇和島藩士で児島惟謙と親しい大阪の実業家土居通夫の財政的協力にも言及しているのであるが、これによっても、児島惟謙が、如何に関西大学の創設に当って、並々でない熱情を示したかと言うことと、その緊密なる監督者的関係が何人にも明らかにわかるのである。

惟謙の苦言

左の児島惟謙の書翰は、この間の事情と、彼の性格とを明らかに示している。

「関西法律学校ノ講師諸君ハ、抑《そもそも》校主吉田氏ノ依頼ニ応ジ、本校ニ於テ法律学ヲ講ズルノ責ニ任ジタルモノニシテ、該校ノ庶務及ビ経済ノ事ハ、素《もと》ヨリ校主幷幹事ノ職分即《そく》責任ナレバ、講師ノ一切関渉スベキモノニ非ザルヲ以テ、余ハ此春諸君ニ其理由ヲ陳ジタリ。而シテ当時諸君モ同意ヲ表セラレタルヲ記憶セリ。然ル処、茲《ここ》ニ其已《い》降《こう》ノ会計年報等検閲スルニ、講師ニ於テ其会計事務等雑務ニ関係アルノ嫌アリ。果シテ然レバ実ニ曩《さき》ノ商議モ水泡ニ属シ、余ハ遺憾ニ不レ堪《たえざる》ナリ。

諸君ヨ、本校ノ今日ハ如何ナル秋《とき》ナル乎《か》。顧レバ創始ヨリ業已《すで》ニ一年余ヲ経過シタルモ、本校維持ノ基礎ハ勿論、事業ノ成跡一トシテ見ルニ足ルベキモノナシ。実ニ慨嘆ノ至リナラズヤ。豈夫《あにそ》レ小成《しょうせい》ニ安ンズベキ秋ニアラザルベシ。於レ茲《ここにおいて》余ハ諸君ニ望ムモノアリ、即他ニ非ズ。唯々将来校主、幹事、講師ノ責任ヲ分明ナラシメ、銘々其本分ヲ固執シ、本校ノ基礎ヲ固メ、将来ニ盛大ヲ期シ、諸君ノ名誉ヲ社会ニ博セラレン事ヲ冀《き》スルナリ。依而《よって》幸ニ諸君ノ同意ヲ得バ、諸君ハ総会ノ議ヲ開キ、右ノ主意ニ基キ夫々決議シ、本校ヲ維持セラレヨ。

児島惟謙

講師
校主　各位
幹事

」

かくして、独学の人児島惟謙が大阪控訴院長在任中、その司法官としての職責のほかに、さらに同志社と言い、関西大学と言い、私学のためにつくした功績を没すべからざるものとして、銘記すべきものと私は考えざるを得ないのである。

第六　「意見書」に示されている児島惟謙の法思想

一

権力主義の否定と人権の尊重

児島惟謙の法思想は、彼が松方首相と山田法相に提示し、そして大審院判決ののち明治天皇にも奉呈した「意見書」の中に、鮮やかに展開されている。大場茂馬『湖南事件』も「此意見書は最も注意精読するに価するものと信ずる」(同書、五三ページ)、と言っている。それよりも、この「意見書」以外に、彼の法思想のまとまって示されている文献は存しないのである。

前にも述べたところであるが、そこに示されている法思想は、権力主義を明快に否定するものであって、明らかに人権尊重のヒューマニズムに基調している。

法の尊重と法万能論の相異

そして、他のところ、例えば『大津事件顚末録』中にも、同様にしばしば憲法と法律の尊重が力説されている。従って、一見、その法思想は前示の如く法万能論の如き外観をもっている。

山田・西郷等閣僚の暴論・暴挙を攻撃して、「法律ハ国家ノ動脈ナリ」と言い、また「裁判官ノ眼中唯法律アルノミ」と言い、あるいは「行政官ニシテ司法権ヲ左右セントス。是レ疑モナク憲法ヲ破壊スルモノナリ。少シク法律ノ思想アルモノハ其ノ言ニ信ヲ措カザルベク、若シ信ヲ置クトスルモ其効力ナキハ自明ノ理ナリ」と言っているからである。しかし、それは、決して法万能論ではない。実は徹底した人間尊重の思想と道理を基調とする法論にほかならないものである。だからこそ、彼は常に権力の中に座していて、しかもすこしも権力主義に立つことがなく、却ってこれを克服することができた。従って、毅然として、必要な場合には、何人も恐れず、また何人をも憎まずして、司法権の独立を擁護することが

「私情ヲ以テ天下ノ大義ヲ曲グルハ男子ノ取ラザルトコロ」

できたのである。

「私情ヲ以テ天下ノ大義ヲ曲グルハ男子ノ取ラザル所ナリ。午前中ニ於テ普通法律ニ準拠スベキヲ公言セシ公等ガ午後ニ至リテ倏忽《しゅっこつ》トシテ内閣ノ主義ニ賛同スルニ至リシハ何ガ為ナリヤ、公等果シテ弁疎《べんそ》スルノ辞アリヤ」と、政府の圧迫で変説した裁判官を鋭く叱咤《しった》し、また「内相ノ眼中、唯干渉アルノミト云フベシ。予ハ直チニコレヲ駁撃シタリ」（児島惟謙、前掲書参照）と言っている言葉の端にも、その権力主義否定の法思想をうかがい得るではないか。

児島惟謙が、大津事件を担当した裁判官に対して、司法権の独立を守るべきことを説得して成功したことを以て、司法権の独立を内部的に侵したものとする説があるが、それは誤見と言わねばならない。何故かと言えば、司法権の独立を政治権力から守るために、これに屈しつつある裁判官に対してその非を教示し、説得することこそ大審院長の司法権独立のために有する責務であって、政治権力に対する同僚裁判官の従属を黙認放置することは、これを強制することと同様にその責務違反だと言わなければならないからである（この点については、本書第四および第七の参照を乞う）。

二

便宜主義の法解釈に対決

彼が大上段に構えて、「意見書」で、まず説いているところは、小刀細工的な便宜主義の法解釈を排すべきこととの主張である。

すなわち「凡《およ》ソ事軽微ナルニ似テ、其ノ実至大ノ因ヲ為シ、復《ま》タ救済スベカラザルモノ古今其ノ例乏シカラズ。審《つまびら》カニ其ノ禍害ノ由《よ》ル所ヲ察スルニ、概ネ事ヲ其ノ始ニ誤リ、敢《あえ》テ剛明果断ノ計ヲ為サズ、妄《みだ》リニ苟且《こうしょ》姑息《こそく》ノ術ヲ執リ、以テ一時ノ偸安《とうあん》ヲ希図《きと》スルニ出デザルハ莫《な》シ。其ノ局ニ当ル者、豈《あに》幾微ノ間ニ於テ深ク警戒ヲ加ヘザルベケンヤ。今回津田三蔵ノ犯罪ヲ断ズルニ、我刑法第百十六条ヲ以テセントスルガ如キハ、其事表面上甚シク重大ノ弊ナキガ如シ。而シテ之ヲ熟慮スレバ、殆ンド国家百年ノ大計ヲ誤ルモノト断言スルヲ憚《はばか》ラザルナリ」と言っている。その本論の刑法論も問題の核心を衝いて誤らない。

私法理論の転用を斥ける

「抑《そもそも》刑法第二編ニハ、公益ニ関スル罪トアリ。夫《そ》レ外国ノ公益ハ各国自ラ之ヲ保護スルノ法アリ、豈《あに》我刑法ニ之ヲ規定スルノ必要アランヤ。加レ之《しかのみならず》外国ハ我ノ保護国ニ非ズ、故ニ亦其ノ権ナキ者ト謂《い》フ可シ。且刑法ハ公法ニ属シ、決シテ比附《ひふ》援引ヲ許サザルヲ以テ、其公益ノ文字タル、特ニ我国ノ公益ノミヲ指スコト素《もと》ヨリ弁明ヲ要セザル可シ」と論じて、私法理論の転用を正しく斥《しりぞ》ける。

そうして、「然ラバ其ノ二編中ニ在ル所ノ皇室ト云ヒ、天皇ト云ヒ、若シクハ三后、皇太子ト云フハ、我ガ皇室ノ天皇、三后、皇太子ヲ限リタルコト、最モ明白ニシテ争フ可カラズ」と断じている。更に補足して、「加レ之当時草案起草者ハ、特ニ天皇ノ上ニ日本ノ文字ヲ加ヘタリシモ、該法条ノ如キハ、我君臣ノ情義ニ基キ、社会ノ必要ニ依リテ制定シタルコト、尤《もっと》モ明白ノ事実ナルヲ以テ、我立法者ハ故《ことさ》ラ之ヲ置クニ及バズト為シ、終《つい》ニ日本ノ文字ヲ刪除《さんじょ》セシモノナレバ、其ノ外国ノ君主皇族ヲ包含スルヲ得ルト言フハ、啻《ただ》ニ立法ノ精神ニ背反スルノミナラズ、亦法文ヲ解釈スル能力ナキ者ト謂フモ過言ニ非ザル可シ」と言い、いわゆる立法精神論にすこしく拠りながら、しかもこれに重きを置かず、周到にそして見事に、厳格なる論理的・客観的な法解釈論に終始徹底しているのである。

論理的・客観的な法解釈論

さらに、この「意見書」は、進んで該件処断の法律的根拠を明示し、また、適切に外国法を比較例証する。すなわち、「他ニ外国ノ君主等ニ対スル犯罪ヲ特ニ規定セザル以上ハ、一般ノ謀殺未遂ヲ以テ論ズ可キハ、固《もと》ヨリ当然ノ処分ニシテ、少シモ疑《ぎ》惧《ぐ》スル所ナキナリ。之ヲ締盟各国ノ法律ニ参照スルニ、第一露国ニ於テハ、刑法第二百六十条ヲ以テ同等ナル外国ノ帝権ニ対スル犯罪ヲ規定スルモ、其自国ニ対スル者ニ比シテ夐《はる》カニ其刑ノ軽微ナル、死刑ト二年半以下ノ労役トノ差アリ。而モ外国ノ太子ニ対スルモノハ故《ことさ》ラニ之ヲ包含セザルヲ見ル。又独逸《ドイツ》ニ於テハ刑法第三百二条ヲ以テ、一年以上十年以下ノ監禁ニ処シ、伊太利《イタリア》ハ刑法第四

外国法の例証

十七条ヲ以テ十一年以上十六年以下ノ懲役ニ処スルモノト為スモ、二国共ニ君主、大統領ニ限リ、外国ノ太子等ニ係ルモノハ是亦一モ規定スル所アルナシ。其ノ他ノ諸国ニ至リテハ、恰《あたか》モ我刑法ト同ジク特ニ此等ノ犯罪ヲ規定シタルヲ見ズ。然ラバ我刑法ノ謀殺未遂ニ問ヒ、無期徒刑ニ処断スルハ、権衡上嘗テ軽キニ失セザルノミナラズ、却テ各国ヨリ重キモノアルナリ」、と断定している。おそらく山田法相も、この外国法比較援用の段を読んで、内心些かの安堵とともに観念をしたにちがいない。

三

得意の護憲・護法論

「意見書」は、次いで法律の適用を誤った場合の悪結果について説き、その得意の護憲・護法論を展開する。すなわち曰く、「之ニ反シ、若シ立法ノ精神ニ違背シ曲ゲテ法律ヲ適用スルトキハ、単ニ刑法第二条ヲ犯スニ止マラズ、明カニ憲法第二十三条及ビ第五十七条ヲ破壊スルモノナリ。既ニ刑法ヲ犯シ、又憲法ヲ破壊スルニ至ラバ、法ノ法タル信用何処《いずこ》ニカ在ル。果シテ此《かく》ノ如クナラバ、我司法権ノ尊厳鞏固《きょうこ》ハ、何ヲ以テ之ヲ維持スルヲ得ベキ。是レ寔《まこと》ニ司法権ノ信用厳正ヲ失墜スルモノナリ」。

帝国憲法第二十三条「日本臣民ハ法律ニ依ルニ非ズシテ逮捕監禁審問処罰ヲ受クルコトナシ」。同第五十七条「司法権ハ天皇ノ名ニ於テ法律ニ依リ裁判所之ヲ行フ。(2)裁判所ノ構成ハ法律ヲ以テ之ヲ定ム」。

憲法主義の強調

この論旨は明らかに、我々のいわゆる憲法主義に立つものである（拙著『憲法重要問題の研究』拙稿「憲法の解釈と法律の解釈」等参照）。言極めて簡潔にして、しかも司法権独立の原則を遺憾なく主張し得ている中において、「憲法を破壊するに至ては法の法たる信用何処に在る」、と言っている一句が九鼎《きゅうてい》の重きをなしている。政府の圧迫に一時的に屈した同僚裁判官を説得して、「国家ノ栄辱ト憲法ノ権威ノ為ニ大ニ反対ノ態度ニ出デザルヲ得ザルナリ」（児島惟謙、前掲書、八二ページ）、と言っているのも、疑いもなく憲法主義の強調である。

不当の権力と権力主義に対して、「大ニ反対ニ出デザルヲ得ザルナリ」と言う大審院長の言辞と勇気とを見て、司法権に対する信頼感を寄せないものはおそらくはないであろう。そこには、一片の権力追随主義の臭気もなく、またそのような臭気のある「統治行為説」の片鱗だにこれを見出し得ない。

「統治行為説」の片鱗だになし

統治行為説は、「高度の政治性」を有する政府等の国務行為については、これを司法権の対象とし得ないと説き、以て権力の専政または権力主義的政治を容認するフランス的官僚主義の学説で、アメリカおよびドイツにも行われ、わが国では雄川一郎教授らの主張するところであるが、日本国憲法は統治行為説を容認しない。児島大審院長は、明治憲法の時代においてすら、このような非憲法的法思想を有していないのである。

児島惟謙が、司法権の独立について規定の弱い明治憲法の時代において、すでにかくの如くであったのは、彼の法思想の中に権力主義のなかった何よりの証拠と言えよう。元来、司法権の独立と統治行為説との相容れざることは、氷炭相容れざるに似ている。すなわち児島惟謙が、かくの如くに権力主義をとっていない、

天皇制護持の立場と司法権の独立

ということは、言い換えれば、彼が国民と国民の権利を、権力と権力主義に対して尊重する立場を堅持している、ということであり、官僚主義をとっていないということである。その意味で、「人権の尊厳が守られるために司法権の独立があり、その意味で司法権の独立は擁護されねばならない、という考え方が、児島惟謙の場合でもはっきりしていなかった」、という吉野意見（「児島惟謙の功績」『世界』九七号中の吉野源三郎氏の発言）は正しいとは言いえない。また児島惟謙が、天皇制護持の立場に立ちつつ、その司法権独立の主張を展開していることをもって、「天皇制的憲法意識」として、これを非難することは中《あた》らない。それは司法権の独立を規定し、国民（臣民）の権利を定める明治憲法が、立憲君主制を基盤としていることによる制約であり、この制約にもかかわらず、権力主義をとっていない点をむしろ重視すべきであって、これを天皇主義または天皇制的官僚主義と看做すことは、見当ちがいと言わねばならない。すなわちたいせつな点、必要なことは、憲法主義の立場に立って国民の権力を大事に考えているか、権力主義の立場に立って国民に敵対しているか、という相異についての正しい認識をすることでなければならない。しかるに児島惟謙の法思想は、明らかに憲法主義に属しているのであって、権力主義に属するものではないのである。

この点について、遠山茂樹教授は、尾佐竹猛判事の『湖南事件』中に展開されている意見に拠りながら、児島惟謙が、「曽て列宗より下庶民に誓はせ給ひし憲法に背かせ奉るの不倫」云々《うんぬん》と言っているところを引用して、「児島惟謙の場合は、憲法は国民に誓ったものである。その限りで憲法の規定は国民に対して責任がある。天皇制的限界内であるけれども、国民の権利をそういう意味で守っていく立場を、やはり児島惟謙はとっていたのじゃないか。天皇の与えた人権というのと、天皇の約束した人権というのは、やはり違う」。だからこそ彼は、「初めて司法権独立を強硬に主張できたのじゃないか」云々（「児島惟謙の功績」『世界』九七号参照）、と説明している。この見解は、児島惟謙の人権意識と法思想とを正しく把握しているものと言うことができる。その点、児島惟謙らが「結局国家の秩序を守るという以上の認識を持っておったかどうか……極めて疑わしい」、と言っている林茂教授および吉野源三郎氏の意見は、正しい洞察を欠いている、と言わねばならない（前掲文献参照）。

四

児島惟謙は、司法権の独立を論じてのち、「而シテ更ニ焉《これ》ヨリ太甚《はなはだ》シキモノアリ」として、主権独立・法権独立の論を高らかに展開する。曰く、「抑モ国ノ国タル所以ノモノ、其自主独立ノ大権アルニ由ルナリ。今露国皇太子ニ危害ヲ加ヘタルトテ、直ニ之ヲ我陛下ニ対スルモノト同一ノ法条ヲ以テ制裁スルトキハ、更ニ彼我軽重ノ区別ナキナリ。畏《かしこ》クモ、万世一系神聖ナル我国ノ元首タリ主権者タル我　天皇陛下ヲ奉戴スルコト、猶英、独、墺、伊ノ各国ヨリ朝鮮、布哇《ハワイ》ノ君主儲嗣《ちょし》ニ対スルト寸毫《すんごう》モ異ナルナキニ至テハ、我刑法ハ明カニ主権ナキヲ自認表白スルモノトナラン。嗚呼《ああ》、国ニシテ主権ナキ、之ヲ自主独立国ト称ス可キ乎《か》。三千年金甌《きんのう》無欠ノ国権モ、此《ここ》ニ至テ覆墜セル者ト謂《い》フ可シ」。つまり児島惟謙は、いわゆる自主的主権論を、当時のわが君主制に結合せしめて強く主張しているのである。これは鬼面以て権力主義者たちを瞠若《どうじゃく》たらしめる論法であって、君主制下における民権主義をとる者の往々用いた手法である。

そこに、民権主義の徹底のないことはもちろんだが、吉野作造博士が、デモクラシーを民本主義と訳して用いた配慮や、佐々木惣一博士の周到な言葉使いにも、これと似通ったところがある。明治憲法草案起草者たちが、「国民」のかわりに「臣民」の権利義務というように表現したのも、一種の妥協ではあるが、その目的はむしろ封建主義制に対して、国民の権利を法定することにあった。

彼が、大津事件裁判担当の七判事中、政府の圧力に一度は屈し去った数判事を十分に説得し得たのも、この論法であって、彼は「注意して処断せよ」という明治天皇の勅語を極めて巧みに援用したのである。すなわち彼は、人権の敵たる権力主義者の用いる虎威《こい》を借る剣法を逆用して、国民の立場のために奇効を収め得たものと言うことができる。しかも、彼のその根本に在るものが、人権尊重の思想であることはいうまでもない。

「天地ノ正理、万国ノ通義」

「露国決シテ蛮野ノ国ニ非ズ」

「意見書」は、次で、堂々、天地の正理を説いた政略論の展開をしている。曰く、「天地ノ正理ニ照シ、万国ノ通義ニ由リ、我成法ヲ確守スルハ、公明正大ナル挙措《きょそ》ニシテ、唯理論上為ス可キノ大道ノミナラズ、外交頻繁ノ今日ニ処シ、造《ぞう》次《じ》ニモ顚沛《てんぱい》ニモ是ヲ或ハ失フ可カラズ。之ヲ捨テ、他ニ執ル可キノ道ナキナリ。夫レ露国決シテ蛮野《ばんや》ノ国ニ非ズ。今回照復《しょうふく》ノ文書ニ依ルモ、未ダ不法圧迫ノ意思アルヲ認メズ。抑モ彼亦外交ノ術ニ長ゼリ。故ニ今回ノ一事ヲ以テ直ニ不当酷暴ノ要求ヲ為シ、外各国ノ批難ヲ招クガ如キノ拙計ヲ取ラザルヲ知ル。是レ実ニ我国ノ最モ注意ヲ要スベキ所ニシテ、思フニ今日ノ如キ不幸ニモ、非常ノ禍害ヲ加フルコトナカルベシ。彼焉《いずく》ンゾ文明国トシテ我ヲ待タズ、各国ノ嘲笑ヲ免レザルガ如キ卑屈無謀ノ策ヲ執ランヤ。彼固《もと》ヨリ法憲ノ何物タルヲ熟知セリ。却テ其佞《ねい》媚《び》ヲ喜バザルモ亦知ル可カラズ。万一不当濫暴ヲ以テ我ニ求ムルアラバ、其曲固《もと》ヨリ彼ニアルナリ。且ツ既ニ暴力ヲ加ヘテ省ミザルニ至ラバ、豈一時歓心ヲ買ハントスル如キ姑《こ》息《そく》手段ノ能ク救ヒ得ベキ所ナランヤ。然ラバ、我自ラ法律ヲ曲グルノ一事ハ、彼ガ暴力ノ侵襲ニ利害セザルヤ知ルベシ。顧ミレバ、我国一タビ外交ノ道ヲ誤リシヨリ、其害三十年ノ今日ニ延及シ、不正不当ノ条約ハ猶未ダ改正シ能ハザルニ非ズヤ。且ツ各国ノ我ニ対スル、常ニ我法律ノ完全ナラズ、我法官ノ恃《たの》ムニ足ラザルヲ口実トス。然ルニ、我自ラ進ンデ成法ノ依拠スルニ足ラザルヲ表示シ、輙《たやす》ク法律ヲ曲グルノ端ヲ啓《ひら》カバ、忽チ国家ノ威信ヲ失墜シ、時運ノ推移ハ国勢ノ衰耗《すいもう》ヲ来タシ、締盟列国ハ益々軽蔑侮慢ノ念増長シテ動《やや》モスレバ非理不法ノ要求ヲ為サザルヲ保セズ。勢ヒ此《ここ》ニ及ンデハ、傾向ノ馴致《じゅんち》スル所、屈シテマタ伸ブル能ハズ、実ニ善者アリト雖、亦如何トモスルナキニ至ラン。豈寒心セザルベケンヤ。故ニ之ヲ政略上ヨリ考フルモ、断ジテ其不可ナルコト此ノ如シ」。

完璧の政治論

このように、「意見書」は道理を説き、法理を説き、さらに政理を説いて余すところがない。それは殆んど完璧の政治論であり、幕末における横井小楠の開国論(拙稿「横井小楠の政治思想」参照)を思わせるものがある、と言うことが出来よう。

五

国体論でまとめた結論

法論を国体論に包んだその結論が、最後に展開されている。「然ルヲ況ンヤ司法官タルモノ、其無キ所ノ権柄《けんぺい》ヲ弄シ、法ノ明文ヲ伸縮セバ、啻《ただ》ニ国家ニ不忠不義ナルニ止マラズ、其極、畏《おそれ》多クモ、陛下ヲシテ神聖ナル大権ニ違《たが》ハシメ奉リ、曽テ列祖列宗ヨリ下臣民衆庶ニ盟ハセ給ヒシ聖誓ニモ背カサセ奉リ、古来曽テ有ラザル国辱ヲ歴史ニ貽《のこ》シ、千万世雪《すす》グ能ハザルニ陥レ奉ラントスルニ帰着ス。念フテ此ニ至レバ国民タル某等恐竦《きょうしょう》非痛、幾《ほと》ンド言フ所ヲ知ラザルナリ」、と言うのである。
なお以上で「意見書」はその全文を終っているが、末尾は次のようになっている。

明治二十四年五月十九日

大審院長　児島惟謙

松方総理大臣殿
山田司法大臣殿

第七　児島惟謙の現代的意義

惟謙の現代的意義

すでに述べた如く、児島惟謙の名は司法権独立の護持者として輝いている。しかし、このことについても、林茂教授らによる異論が前述の如くにないわけではない。殊に例えば、『司法権独立の歴史的考察』（六六―七三ページ参照）の著者・家永三郎教授の如きもその一人である。すなわち家永教授は、結局、「大津事件については、……単純にこれを司法権独立擁護の美挙として賞讃するよりも、むしろ当時の裁判官の意識の混迷のほうに注目するのが重要なのではなかろうか」、と言う見解を抱いているのである。

『倉富勇三郎回顧録』

そして教授は、『倉富勇三郎回顧録』中より、「児島が閣僚の裁判官に対する干渉を排斥しながら、〝自身は監督権の範囲を踰越《ゆえつ》し〟裁判の根本を変更せしむる

宮沢（俊義）意見と家永（三郎）説

干渉を為したるは、仮令《たとい》法律の適用を正当に帰せしめる為めとは云へ、咎めて而して之に倣《なら》ひたるものと謂《い》はざるべからず」と言っている官僚流の当時の代表的な非難の言葉を援用して、「監督権の範囲を踰越し」たものとしてこれを受けとめ、「いふならば不当な干渉を排斥するための干渉――は決して違法ではない」という論拠で児島惟謙の行動の適法性を説く宮沢意見（宮沢俊義『大津事件の法哲学的意味』参照）を強く反駁されている。そして、不当な干渉を排斥するための干渉も、やはり干渉であり、従って、司法権力の内部からの司法権の独立を侵すものであり、一応児島の行動は、どうしても「監督権の範囲を踰越した職権濫用行為としての構成要件に該当する」のだという断定をされるのである（杉村敏正教授も、また児島院長の判事に対する説得を干渉と見られている）（一円・黒田編『憲法問題入門』中の杉村「司法権の独立」参照）。

しかも、「終局において児島の行動を適法視する余地がある」として、それは、「第一に……司法権の独立という国家的法益の破壊を防止するための防衛的行為であり」、第二に急迫不正の侵害に対して「緊急已《や》むを得ずしてとった行為であ」り、第三にその行為による保護される法益と、侵害される法益とが均衡を保っているから、超法規的違法性阻却事由があるのだ、という理由付けをされ、そしてそのような法論理の構成については、当時施行の刑法第七十五条（「天災又ハ意外ノ変ニ因リ避ク可カラザル危難ニ遭ヒ、自己若クハ親属ノ身体ヲ防衛スルニ出タル所為亦同ジ（其罪ヲ論ゼズ）」）の規定を類推したものであり、また「現在の法制下での法理論を参考とし」たものだとせられる。これを要するに教授は、刑法の正当防衛の権利論を、児島大審院長の「干渉を排する干渉行為」にあてはめて、辛うじてその適法性が認められると言うのであり、一見いかにも法理論の観がある。

しかし私は、個人の正当防衛の権利と国家機関の権限とを混同して、これを同日に談じることは妥当ではない、と考える。しかのみならず、児島大審院長が、行政権力の圧迫干渉に屈した裁判官に対して、憲法を遵守するように説得した行

「干渉を排する干渉」と「干渉排除行為」の相異

為は、決して「干渉」行為と見るべきものではない。それは大審院長としてまさになすべかりし正当なる権限行為としての「干渉排除行為」たる性質を有するものである。従って「監督権の範囲を踰越」するものではない。すなわち、「干渉排除行為」と「干渉行為」とを同視することは許されないからである。と言うのは、司法部内を統轄して、司法権の独立を守るべき職権と責任とを有する大審院長として、司法権の独立を守りかつ侵さないということは、もちろん司法権に対する行政権力等の干渉圧迫が現に行われ、かつこれに屈服しつつある当該事件担当の裁判官を眼前に見ながら、徒らになすことなく、これを対岸の火災視して放置することを指して言うのではない。須《すべか》らく、かかる際においては、敢然身を挺してその干渉の火災を消すことこそ、その職権として司法権の独立を守るゆえんである。逆に、司法権の責任者が、行政権力による干渉の火災を袖手傍観《しゅうしゅ》することは、消極的には却ってその「干渉」を幇助《ほうじょ》することになる、と解しなければならない。すなわち児島大審院長は、明らかに、「不当なる干渉を排斥するための干渉」をしたのではなく、不当なる干渉を排斥するための「正当当然の権限行為」を勇敢に行使して、司法権と人権とを守ったのである。すなわち彼が、事件発生の直後、大津地方裁判所長に対して、「法律ノ解釈至当ナリ、此際他ノ干渉ヲ顧ミズ予審ヲ進行セヨ」と飛電した権限行為と、それは性質上何等異なるものではないのである。またそれは、単に超法規的違法性阻却《そきゃく》の事由となる個人の緊急防衛権を行使した、と言うような性質のものではない。況んや「咎めて而して之に倣《なら》ひたるもの」ではない。たとえ外観において相似《そうじ》するところはあっても、二者は本質的に異なるものである。このことを峻別しないかぎり、司法権の独立の何たるかを真に理解することはできないはずである。

最高裁判所の干渉

しかるに家永教授は、「干渉者は常に〝正しい判決〟を求める干渉であるとして自己の干渉を合理化・正当化する。……最高裁判所の下級裁への干渉が繰返し

最高裁判所の違憲の判旨と解釈

行なわれている現在の時点においては、児島惟謙の行動の評価については特に厳正な論理を用いないと、監督機関の裁判干渉を現実にジャスティファイする結果ともなりかねない」、と言われる。教授の注意され、また憤激され、そして心配されている如く、今日現に最高裁判所の下級裁への干渉が繰返し行われている現状は憂慮すべき事態である。そして、それはまさしく干渉であり、司法権独立の侵害であって、またこれに呼応して、下級裁判所における裁判官の独立義務放棄の行われていることも顕著である。のみならず、自ら進んで、最高裁判所の違憲の判旨と解釈に不当に拘束されている場合も相当に多く、学説・法曹の多数もまたこれに雷同しこれを支持している。その有様は、大津事件当時における行政権力の圧迫にあるいは屈し、あるいは迎合した裁判官（当時の大津地方裁判所の所長および予審判事）に似ている。要するに彼らは、憲法（第七十六条第三項）と、法律（裁判所法四条）の解釈を誤って司法権独立の制度を甚だしく歪めている。その他

憲法に照準された権限行為の必要

の点においても、最高裁判所とその長官にも、また下級裁判所とその裁判官にも、権力迎合の解釈と権限濫用とがすくなからず行われている。児島惟謙の時代と全く異なって、行政権力の圧迫干渉が存在しないにもかかわらず、自ら進んで行政権力に迎合して、司法権の独立を守らず、これと司法権限そのものをも放棄している結果になっている。家永教授のいわれる当時の裁判官の意識の「混迷」は、今日において更に甚だしい、と言わねばならない。例えば、砂川事件の裁判等において、最高裁判所が統治行為説を採用していることも、これを象徴的に示している。そして下級裁が、今や唯々《いい》諾々《だくだく》としてこれに従っているありさまである。家永教授の指摘される如き最高裁判所の下級裁判所に対する干渉は、言うまでもなく、現にかくの如き傾向と性質を帯びた「干渉」で「干渉排除行為」ではない。そこには、児島惟謙によって強行されたような「干渉排除行為」は微塵《みじん》だにも見られない。そして、「干渉行為」は違憲の行為であり、「干渉排除行為」は憲法に照準されている行為である。従って、これをもって、かれにつながるとなすのは、論理的に正しくないばかりでなく、事実にも、また条理にも反するところである。さらにまた、干渉をなし司法権の独立を自ら侵すものと、違憲・違法の裁判を行う者とは一致することを知るべきである。その反対に、児島惟謙の如き人権を尊重し、権力主義を否定する性格の人物が、違憲・違法の裁判をなし得ないことは、鶴ヶ岡事件・大阪事件・松方内閣の選挙干渉事件等々の、彼の生涯にわたって掌った幾多の正しい裁判が、これを実証している。すくなくとも、このような児島惟謙には、憲法に即した正しい無罪判決の原審を破棄し、司法権限を放棄して行政権力に追随した観のある最高裁判所の砂川事件判決の如き裁判は、これをなし得ないものと言い得られよう。

最高裁判所の砂川事件判旨の結論は、「原判決が、アメリカ合衆国軍隊の駐留が憲法九条二項前段に違反し許すべからざるものと判断したのは、裁判所の司法権審査の範囲を逸脱し同条項および憲法前文の解釈を誤ったものであり、従って、これを前提として本件刑事特別法二条を違憲無効としたことも失当であって、この点に関する論旨は結局理由あるに帰し、原判決はその他の論旨につき判断するまでもなく、破棄を免がれない」、と言うのである。しかして、その判決の理由とするところは、刑事特別法第二条の違憲性を主張し被告を無罪とした原審は、憲法第九条第二項の「戦力」の解釈を誤るものであるとするのみならず、統治行為説により、安保条約等の違憲なりや否やの判断は司法審査権になじまないものだとして、司法権中の違憲・合憲決定権を自ら進んで放棄しているのである。不当違憲の判決と言わねばならない。更に最高裁判所としては、原審が被告を無罪としている以上、憲法第三十九条前段後句により、検察庁の上告を棄却すべきものである。検察庁また無罪の判決に対しては控訴上告を許されないものである（拙著『憲法重要問題の研究』等参照）。

児島惟謙今若し世にあって司法の局にあるならば、必ずや違憲の誤謬などを犯さないにちがいない。彼には、人権尊重のために、権力主義や干渉を否定し排除するが如き権限は必ず正しく行使しても、人権否定へ必ず方向づけられているような干渉は絶対にでき得ない。そうしてそれは、裁判官として要請されるその行動的性格による。児島惟謙が現代にも大いに必要とせられるゆえんがそこにあるのである。要は、人権尊重に徹して権力に対決する精神と実践とが、殊に憲法の番人としての裁判官に期待されるということである。さらに一言にして言葉を換えれば、それは良心と憲法と法律に従って、常に権力の中にあってしかも権力と権力主義に対決している「勇気」である。その反対に、権力の美酒に酔って、権力と権力主義に対決する「勇気」を失っているならば、とても裁判官独立の義務など果し得るものではないからである。

憲法の番人としての裁判官の「勇気」

もちろん今日においても「勇気」のある正しい裁判官がないわけではない。円山事件における京都地裁の岡垣判事、吹田《すいた》默禱事件における大阪地裁の佐々木判事、砂川事件における東京地裁の伊達判事、八海《やかい》事件にかんする青木判事等々の

「勇気」を見て、われわれ国民は裁判への信頼感をつないでいるのであり、そしてこれらの人々に、児島惟謙の精神の伝統を感得するのである。しかし百の児島惟謙、千の児島惟謙、万の児島惟謙が出現しないかぎり、「憲法保障」の憲法制度にもかかわらず、憲法と司法権と基本的人権とを、守ることは遂にできないであろう。佐々木哲蔵元判事が、大津事件における児島惟謙を評価し、多くの裁判官の「事なかれ主義」「出世主義」を否定し、特に「勇気」を強調されている点に、私が心からなる共感を覚えるのもその故である（佐々木哲蔵『裁判官論』参照）。

略年譜

年次	西暦	年齢	事績	参考事項
天保 八	一八三七	一	二月一日、宇和島城堀端に生れる。父金子惟彬・母直子○この年五月、直子離婚のため、田中伴太夫の里子となる	大塩平八郎の乱
九	一八三八	二		高野長英『夢物語』を著わす
一〇	一八三九	三		高野長英・渡辺崋山投獄される
一二	一八四一	五	父惟彬の再婚により実家に帰る	水野忠邦の庶政一新（天保の改革）○渡辺崋山自殺○伊藤博文生れる
一三	一八四二	六		二宮尊徳活躍○人情本禁止
弘化 元	一八四四	八	文武の修業を始める	オランダ使節開国を勧める○水戸斉昭幽閉される
三	一八四六	一〇		孝明天皇践祚○米国船浦賀に来航、拒絶されて去る
嘉永 元	一八四八	一二		佐久間象山大砲をつくる○海防の勅諭あり
二	一八四九	一三		英艦浦賀に現われる
三	一八五〇	一四	父金子惟彬、禄を辞し、緒方姓に復	佐藤信淵歿○高野長英自殺

			す	
嘉永 四	一八五一	二五		漂民万次郎帰る
五	一八五二	二六	野村の緒方本家の食客となり、その酒造業を手伝う	明治天皇生誕
六	一八五三	二七		ペルリ米国軍艦を率いて浦賀に来る○プチャーチン露艦を率いて長崎に来航
安政 元	一八五四	二八	実家に帰り、文武の習練に専念	米艦また浦賀に来航○下田・函館・長崎開港○吉田松陰渡米に失敗して逮捕される
二	一八五五	二九	岩松村小西荘三郎方に身を寄せ、同家の質業・酒造業を手伝う	米艦下田に来航○佐久間象山下獄○江戸大地震のため藤田東湖歿す
三	一八五六	三〇		蕃書調所設置○米国領事ハリス来朝○二宮尊徳歿す
四	一八五七	三一	藩の家老梶田長門に出仕、文武の修業に励む	下田条約締結
五	一八五八	三二	藩方より撃剣上達を賞せられる	井伊直弼大老となる○日米通商条約締結○水戸斉昭処罰される ○ 梅田雲浜逮捕され獄死する ○ 梁川星巌歿す
六	一八五九	三三	剣道師範の免許を受ける	五ヵ国条約締結○安政の大獄きわまって、橋本左内・頼三樹三郎・吉田松陰ら処刑される
万延 元	一八六〇	三四	剣道教授として諸所に招聘を受けて	遣米使節派遣○桜田門において井伊大老殺害される○

文久	元	一八六一	二五	活躍 剣道教授をつづける	米人ヒュースケン遭難 幕府シーボルトを招聘○各国公使館設置○水戸浪士英人を襲う○和宮将軍家茂に降嫁
	二	一八六二	二六	四月、土佐の檜口甚内塾に赴く○一〇月、高知に遊び西条松山に出て翌月帰藩	京洛における尊攘の運動高潮○英人襲われる○榎本武揚らオランダに留学する
	三	一八六三	二七	船出組今城勝助別荘に寄寓	薩英戦争○藤本鉄石大和に挙兵す○七卿長門に下る○平野国臣生野に挙兵
元治	元	一八六四	二八	六月、大洲・松山・今治各藩を廻り高松藩に滞在ののち、八月帰藩	池田屋の変○蛤御門の戦○長州征伐○佐久間象山暗殺○平野国臣処刑される
慶応	元	一八六五	二九	四月、長州の三田尻・下関にゆき、六月、長崎に赴き、坂本龍馬・五代友厚を知る○一〇月、佐賀・久留米・柳川・熊本・豊後を廻って志士と交わり一一月帰藩	長州再征伐○露兵樺太に築城○通商条約勅許
	二	一八六六	三〇	三月、藩の許可を得て京都・大阪に赴き、王事に尽す○一二月、帰藩	薩長連合成る○慶喜将軍に任ず○孝明天皇崩御○福沢諭吉の『西洋事情』出版
	三	一八六七	三一	五月、脱藩して、大洲・松山を通り多度津より大阪に航し、京都に赴き	明治天皇践祚○討幕密勅下る○王政復古成る○坂本龍馬・中岡慎太郎暗殺される

明治元	一八六八	三二	又大阪にいたり、勤王討幕の運動に従事して帰藩せず 四月、北陸道総督参謀楠田英世に従って、越後柏崎、更に新潟より新発田に赴き、また秋田藩・盛岡・仙台に遠征。しかし前線の戦争には参加せず○京都に引き上げる	鳥羽伏見の戦○討幕の大詔下る○江戸城開城、上野の戦争、次いで会津落城○榎本武揚五稜郭に拠る○五箇条御誓文の発布○江戸を東京と改める
二	一八六九	三三	三月、新潟県御用掛拝命○外国方庶務・町会所商社取締等に任じ、各地に出張	版籍奉還○横井小楠暗殺 ○ 大村益次郎暗殺 ○ 官制改革、六省設置
三	一八七〇	三四	一月、新潟県水原局勤務、大属となる○八月、品川県権少参事となり、次いで少参事となる	平民の苗字許可○徴兵規則公布○新律綱領頒布○雲井竜雄処刑
四	一八七一	三五	八月、父の死にあう○一二月、司法省七等出仕、司法省裁判所民事課、次いで東京裁判所民事課詰となる	司法省・文部省設置○廃藩置県○散髪・廃刀令発布○岩倉具視欧米視察の途につく
五	一八七二	三六	四月、司法省権少判事○一一月、司法少判事となり、大阪に出張	陸海軍二省設置○江藤新平司法卿となる○学制発布○徴兵令発布
六	一八七三	三七	四月、大阪裁判所在勤○五月、司法	太陽暦採用○キリスト教解禁○紀元節を設く○征韓論

明治 七	一八七四	三八	裁判所民事課詰となる 九月、世続重子と結婚○一二月、権中判事となる	起る 板垣退助・副島種臣らの民選議院設立建白○江藤新平佐賀に乱を起す○ボアソナード政府御雇となる○台湾征討
八	一八七五	三九	一月、長男正一郎出生○五月、五等判事となり、福島上等裁判所在勤。陸前・陸奥・函館各裁判所を巡廻する○一二月、寿代子出生	元老院・大審院設置○地方官会議を開く○露国と千島・樺太を交換○新聞紙条令・讒謗律発布○法制局設置
九	一八七六	四〇	三月、鶴ヶ岡事件に着手○四月、鶴ヶ岡に臨時裁判所を開設○七月、判決案を得て復命○九月、名古屋裁判所長となる	佩刀禁止令公布○代言人規則発令○東北巡幸○諸藩廃合○神風連の乱・秋月の乱・萩の乱起る
一〇	一八七七	四一	五月、愛子出生	西南の役起り、西郷隆盛戦死○木戸孝允逝去
一一	一八七八	四二	四月、司法省修補課委員となる	大久保利通暗殺される○結社集会禁止○玉乃正履大審院長となる○明治天皇近畿巡幸
一二	一八七九	四三	五月、大審院詰となり、民事乙局長となる	梟首刑廃止される
一三	一八八〇	四四	一月、富雄出生	屋外演説禁止○刑法治罪法制定○片岡健吉ら国会開設を請願する

一四	一八八一	四五	五月、和歌山県令および県会具状の郡区長増給の件審理委員○八月、俊之助出生○一二月、長崎控訴裁判所長の任につく	国会開会の詔勅発布○違警罪審判
一五	一八八二	四六		刑法治罪法施行○軍人勅諭渙発○板垣退助岐阜で遭難○日本銀行設立開業○福島事件のため河野広中逮捕される
一六	一八八三	四七	九月、長崎控訴裁判所管内各裁判所巡回○一〇月、大阪控訴裁判所長となる	官報発行○岩倉具視逝去
一七	一八八四	四八	七月、大阪控訴裁判所管内甲部巡視長となる	賭博犯処分規則・官吏恩給令制定○華族制度設定○自由党解散される
一八	一八八五	四九	七月、実母直子死す	大井憲太郎ら捕えられる○太政官を廃止して内閣を設け、伊藤博文総理大臣となる
一九	一八八六	五〇	五月、大阪控訴院長となる○大阪控訴院乙部巡回	北海道庁設置○帝国大学令公布
二〇	一八八七	五一		学位令・叙位令制定
二一	一八八八	五二		黒田内閣となる○枢密院設置○博士号授与実施
二二	一八八九	五三	二月、憲法発布式に参列	憲法発布○徴兵令○東京—横浜鉄道開通○森有礼暗殺

				される○大隈重信遭難
明治二三	一八九〇	五四		山県内閣成立○裁判所構成法公布○刑事訴訟法制定○帝国大学令・学位令制定○教育勅語渙発
二四	一八九一	五五	五月、大審院長となる	松方内閣成立○大津事件勃発○民事訴訟法施行○内閣選挙大干渉を行う
二五	一八九二	五六	八月、大審院長辞任	伊藤内閣となる○伊達宗徳逝去
二六	一八九三	五七		弁護士法公布○衆議院の解散
二七	一八九四	五八	五月、貴族院議員となる	衆議院総選挙○第一次条約改正○衆議院解散○日清戦争開始
二八	一八九五	五九		日清講和条約○三国干渉により遼東還付
二九	一八九六	六〇		民法総則物権債権編公布○黒田内閣となり、また松隈内閣となる
三〇	一八九七	六一		衆議院解散
三一	一八九八	六二	四月、貴族院議員を辞任し、衆議院議員選挙に立候補（愛媛県六区）して当選○十二議会解散○八月、再当選○九月、二十銀行頭取に就任	伊藤内閣となり、更に隈板内閣となる
三二	一八九九	六三		供託法・府県制郡制等成立○改正条約実施
三三	一九〇〇	六四	長男正一郎戦死する	治安警察法公布○衆議院議員選挙法公布○義和団匪の

				乱○伊藤内閣となる
三四	一九〇一	六五	四月、赤十字特別社員となる	桂内閣となる
三五	一九〇二	六六	八月、衆議院議員満期となる	日英同盟条約○衆議院議員選挙
三六	一九〇三	六七		専門学校令公布
三七	一九〇四	六八		日露戦争勃発○遼陽会戦
三八	一九〇五	六九	一二月、貴族院議員に就任	日本海海戦○第二次日英同盟○日露平和回復○韓国保護条約締結
三九	一九〇六	七〇		西園寺内閣○楠田英世逝去
四〇	一九〇七	七一		改正刑法公布○日韓新条約締結○日露協約成る
四一	一九〇八	七二	六月一日、東京の自邸において逝去	公証人法公布○戊申詔書渙発

主要参考文献

児島惟謙述 花井卓蔵校『大津事件顚末録』 昭和 六年 春秋社
児島惟謙『大津事件手記』 昭和一九年 築地書房
沼波瓊音『護法の神児島惟謙』 大正一五年 修文館
穂積陳重「大津事件」(『法窓夜話』中の一節) 大正 五年 有斐閣
尾佐竹猛「湖南事件」(『明治秘史疑獄難獄』中の一節) 昭和二三年 実業之日本社
大場茂馬『湖南事件・大浦庇護事件』 大正 五年 東京堂
信夫淳平「大津事件の回顧」(『立教授還暦祝賀外交史論文集』所載) 昭和 九年 有斐閣
原田光三郎『護法の巨人児島惟謙と其時代』 昭和一五年 文光堂書店
同『児島惟謙伝』 昭和三六年 松菊堂書房

沼波瓊音『大津事件の烈女畠山勇子』　大正一五年　斯文書院
小島徳弥「大津事件」(『明治以降大事件の真相と判例』中の一節)　昭和九年　教文社
小松緑『伊藤公全集』第一巻　昭和二年　伊藤公全集刊行会
金子堅太郎編『伊藤博文伝』中巻　昭和一五年　春畝公追頌会
中村吉蔵『伊藤博文』　昭和一七年　大日本雄弁会講談社
平塚篤編『伊藤公手記秘録』　昭和一八年　松坂屋
伊藤博文『滄浪閣残筆』　昭和一三年　八洲書房
晨亭会編『伯爵伊東巳代治』上・下巻　昭和一三年　晨亭会
慶応義塾『続福沢全集・時事論集』第三巻　昭和八年　岩波書店
原奎一郎編『原敬日記』(二)　昭和二五年　乾元社
的野半介編『江藤南白』　大正三年　民友社
三宅雪嶺『同時代史』第二巻　昭和二六年　岩波書店
吉田東伍『倒叙日本史』第一巻・第二巻　大正二年　早稲田大学出版部

小早川欣吾『明治法制史』公法之部（下巻）　昭和一五年　巌松堂書店
尾佐竹猛『維新前後における立憲思想』　大正一四年　文化生活研究会
徳富猪一郎『蘇峰自叙伝』　昭和一〇年　中央公論社
宮沢俊義「大津事件の法哲学的意味」（『法学協会雑誌』六二ノ一一）
昭和一九年　法学協会
林茂・遠山茂樹・吉野源三郎「児島惟謙の功績」（『世界』九七号）昭和二九年　岩波書店
緒方真澄「司法権の独立と児島惟謙」（『法学論集』二）　昭和二九年　同志社大学法学部自治会
森中章光「写真資料児島惟謙とその書翰」（『新島研究』一一）昭和三一年　新島研究会
佐々木哲蔵『裁判官論』　昭和三五年　法律文化社
中村菊男『近代日本の法的形成』　昭和三一年　有信堂
関西大学編集委員会『関西大学七十年史』　昭和三一年　関西大学
家永三郎『司法権独立の歴史的考察』　昭和三七年　日本評論社
田畑忍「明治的裁判官の法思想」（『同志社法学』七六号）昭和三八年　同志社法学会

著者略歴

明治三十五年生れ
昭和二年同志社大学法学部政治学科卒業
同志社大学法学部教授、同法学部長、同大学長等を経て
現在　同志社大学名誉教授、憲法研究所代表委員、法学博士、名誉文化博士

主要著書
帝国憲法条義　日本国憲法条義　憲法改正論
政治学　政治学研究　議会と革命　非戦永世中立論　世界平和への大道　加藤弘之

人物叢書　新装版

児島惟謙

昭和三十八年六月十五日　第一版第一刷発行
昭和六十二年十月一日　新装版第一刷発行

著者　田畑《たばた》　忍《しのぶ》
編集者　日本歴史学会
代表者　児玉幸多
発行者　吉川圭三
発行所　株式会社　吉川弘文館
東京都文京区本郷七丁目二番八号
郵便番号一一三
電話〇三―八一三―九一五一〈代表〉
振替口座東京〇―二四四
印刷＝平文社　製本＝ナショナル製本

『人物叢書』(新装版)刊行のことば

人物叢書は、個人が埋没された歴史書が盛行した時代に、「歴史を動かすものは人間である。個人の伝記が明らかにされないで、歴史の叙述は完全であり得ない」という信念のもとに、専門学者に執筆を依頼し、日本歴史学会が編集し、吉川弘文館が刊行した一大伝記集である。

幸いに読書界の支持を得て、百冊刊行の折には菊池寛賞を授けられる栄誉に浴した。

しかし発行以来すでに四半世紀を経過し、長期品切れ本が増加し、読書界の要望にそい得ない状態にもなったので、この際既刊本の体裁を一新して再編成し、定期的に配本できるような方策をとることにした。既刊本は一八四冊であるが、まだ未刊である重要人物の伝記についても鋭意刊行を進める方針であり、その体裁も新形式をとることとした。

こうして刊行当初の精神に思いを致し、人物叢書を蘇らせようとするのが、今回の企図である。大方のご支援を得ることができれば幸せである。

昭和六十年五月

日本歴史学会
代表者 坂本太郎

〈オンデマンド版〉
児島惟謙

人物叢書　新装版

2020年（令和2）11月1日　発行

著　者　田《た》畑《ばた》　忍《しのぶ》

編集者　日本歴史学会
代表者　藤田　覚

発行者　吉川道郎

発行所　株式会社　吉川弘文館
〒113-0033　東京都文京区本郷7丁目2番8号
TEL　03-3813-9151〈代表〉
URL　http://www.yoshikawa-k.co.jp/

印刷・製本　大日本印刷株式会社

田畑　忍（1902～1994）

ISBN978-4-642-75096-7